KB232908

대학교양일본어

다지기

권승림 · 오미영

제이앤씨
Publishing Company

 ## 권 승 림 (權勝林)

- · 한국외국어대학교 졸업
- · 일본 大阪大学 언어문화연구과 석사·박사과정
- · 언어문화학박사
- · 1996~숭실대학교 일어일본학과 교수
- · 현대일본어문법론·한일대조언어학

 ## 오 미 영 (吳美寧)

- · 이화여자대학교 졸업
- · 한국외국어대학교 일어일문학과 석사과정
- · 일본 北海道大学 문학연구과 박사과정
- · 문학박사
- · 2003~숭실대학교 일어일본학과 교수
- · 일본어사·한일대조언어학

대학교양일본어 다지기

초판 1쇄 인쇄   2012년 2월 21일
초판 1쇄 발행   2012년 3월 5일

저   자 권 승 림·오 미 영
발 행 인 윤 석 현
발 행 처 제이앤씨
책임편집 최인노
등록번호 제7-220호

우편주소 ㉾ 132-702 서울시 도봉구 창동 624-1
        북한산 현대홈시티 102-1206
대표전화 02) 992 / 3253
전   송 02) 991 / 1285
홈페이지 http://www.jncbms.co.kr
전자우편 jncbook@hanmail.net

ⓒ 권승림·오미영 2012 All rights reserved. Printed in KOREA

ISBN 978-89-5668-896-1   13730   정가 13,000원

  이 책은 주당 150분을 기본으로 하는 대학교 교양과정의 일본어 강좌를 위해 만들어졌습니다. 전반기에는 『대학교양일본어 들어가기』를 학습하고, 그 후 『대학교양일본어 다지기』를 학습할 수 있도록 두 권으로 편성하였습니다.

  『대학교양일본어 들어가기』는 일본어의 발음 및 표기의 기초에서 시작하여 형용사를 학습하고 동사의 활용과 음편까지를 공부할 수 있도록 하였습니다. 『대학교양일본어 다지기』는 다시 동사의 활용 및 음편에 대해 복습한 후 보조동사와 희망표현, 추정표현을 익히고 가능, 수동, 사역까지를 학습목표로 하고 있습니다.

  여기에서는 『대학교양일본어 다지기』에 대해 이야기하겠습니다.

  먼저 전편에서 다져진 기초 지식을 바탕으로 하여 동사의 음편을 복습함으로써 동사의 て형에 여러 가지 보조동사를 접속하여 만드는 다양한 표현을 익힙니다. 그 후 의사전달을 자유롭게 만들어 주는 다양한 추정표현을 익히고, 복잡한 사태를 한 문장으로 표현할 수 있는 수동표현과 사역표현, 그리고 가능표현을 학습합니다.

  본 교재를 통하여 기초적 문법사항과 표현 그리고 어휘를 익히게 되면, 한 단계 높은 수준의 일본어 학습을 할 수 있는 실력을 갖추게 되리라고 확신합니다.

  각 과의 구성은 다음과 같습니다.
1. 본문이 시작되기 전에 해당 과에서 학습할 요점을 「ポイント」라는 제목으로 제시하여 학습목표를 정확하게 인식할 수 있도록 하였습니다.
2. 본문은 학습 포인트를 최대한 반영하도록 노력하였습니다.
3. 본문과 「文法と表現」, 「練習」, 「会話」 뒤쪽에 새로 등장하는 단어를 제시하여 학습의 편의를 도모하였습니다.
4. 「文法と表現」에서는 학습 목표로 제시된 문법사항과 표현에 대해 설명하고 예문을 제시함으로써 이해를 돕도록 하였습니다.
5. 그 후 「練習」이라는 제목으로 연습문제를 실었습니다. 또한 일본어 작문과 해석, 그리고 청취 문제를 배치함으로써 읽기와 쓰기, 듣기를 겸비한 종합적인 학습이

가능하도록 구성하였습니다.
6. 실용적인 회화연습 파트인「会話」를 통해 조금 더 일상생활에 밀착된 회화를 익힐 수 있도록 하였습니다.
7. 각 과의 마지막에는「単語テスト」를 마련하여 별도로 단어테스트 용지를 마련하지 않아도 되도록 준비하였습니다.

『대학교양일본어 들어가기』와『대학교양일본어 다지기』를 통해 대학에서 교양일본어 수업을 수강하는 분들 뿐만 아니라, 일본어 학습을 목표로 하는 모든 분들이 충실하고 탄탄한 일본어 학습의 기초를 닦으실 수 있으리라 자부합니다. 나아가 이 책이 일본어의 기초를 닦는데 그치지 않고 일본어를 공부하는 즐거움을 만끽하실 수 있는 출발점이 되기를 기대해 마지 않습니다.

권승림 · 오미영

富士山に行ったことがあります

1. 음편
2. ～てみる
3. ～たことがある

富士山に行ったことがあります

유코와 세이치가 후지산 등반을 위해서 버스 정류장 앞에서 하루카를 기다리고 있습니다.

裕子　はるかさん、来ませんね。

誠一　そうですね。ちょっと遅いですね。

　　　連絡、なかったですか。メールは。

裕子　さっきまではなかったんですが、たしかめてみます。

誠一　どうですか。

裕子　やはりないですね。もう少し待ってみましょう。

誠一　ところで、裕子さんは、富士山に行ったことがありますか。

裕子　はい、一年生の時に、一回、クラス旅行で行きました。

誠一　ぼくも、今回が二回目なんです。

裕子　前は、二十人ぐらいで行ったので、にぎやかでした。

　　　今回は三人ですから、まわりを見物しながら、

　　　ゆっくり歩きましょうね。

誠一　そうしましょう。

裕子　あ、あそこ、はるかさんでしょう。

誠一　どこですか。あ、そうですね。よかった。

1 　음편(音便) 현상

　5단동사에 「て」, 「た」, 「たり」, 「たら」가 접속할 때는 음편(音便, おんびん)현상이 일어난다.

　음편에는 다음과 같이 세 종류가 있다.

음편의 종류	형태	5단동사의 종류
い音便	いて・いで	「く・ぐ」로 끝나는 동사
促音便	って	「う・つ・る」로 끝나는 동사
撥音便	んで	「む・ぶ・ぬ」로 끝나는 동사
예외인 경우	-	話す ⇒ はなして 行く ⇒ いって

駅前を歩く。　　　　　⇒　駅前を歩いてみる。
　　　　　　　　　　　　　역 앞을 걸어본다.
富士山駅で乗る。　　　⇒　富士山駅で乗ってみる。
　　　　　　　　　　　　　후지산역에서 타본다.
富士山について話す。　⇒　富士山について話してみる。
　　　　　　　　　　　　　후지산에 대해 말해 본다.
富士山に行く。　　　　⇒　富士山に行ってみる。
　　　　　　　　　　　　　후지산에 가본다.

「見る」는 동사의 「て형」에 접속하여 보조동사로 쓰일 수 있다. '～해 보다'라는 의미를 나타낸다.

おいしいかどうか食べてみます。　　맛있는지 어떤지 먹어보겠습니다.

外に出てみました。　　밖에 나가 보았습니다.

동사의 과거형에 「ことがある」를 접속시키면 '～한 적이 있다'라는 과거의 경험을 나타내는 표현을 만들 수 있다.

彼に話したことがあります。　　그에게 이야기한 적이 있습니다.

ワッフルを食べたことがあります。　　와플을 먹어 본 적이 있습니다.

어휘					
話す	はなす	말하다	駅前	えきまえ	역 앞
外	そと	밖	出る	でる	나가다
彼	かれ	그(남자)	ワッフル		와플

練習

보기
その本を読みました。

➡ その本を読んだことがあります。
그 책을 읽은 적이 있습니다.

① 前に話しました。

➡ ______________________________

____

② 子供の時、日本へ行きました。

➡ ______________________________

____

③ 大学時代、ラグビーをしました。

➡ ______________________________

____

④ 日本語を勉強しました。

➡ ______________________________

____

⑤ 前も、そのアイディアを出しました。

　➡ ＿＿＿＿＿＿＿＿＿＿＿＿＿＿＿＿＿＿＿＿＿＿＿

보기
韓国語の作文を書く。

　➡ 韓国語の作文を書いてみます。
　　 한국어 작문을 써 보겠습니다.

① もう少し待つ。

　➡ ＿＿＿＿＿＿＿＿＿＿＿＿＿＿＿＿＿＿＿＿＿＿＿

② 友達の家に行く。

　➡ ＿＿＿＿＿＿＿＿＿＿＿＿＿＿＿＿＿＿＿＿＿＿＿

③ ゆっくり歩く。

　➡ ＿＿＿＿＿＿＿＿＿＿＿＿＿＿＿＿＿＿＿＿＿＿＿

4 先に話す。

　➡

---

5 ミルクを飲む。

　➡

> 보기
> この本、読みましたか。
> 　➡ いいえ、読んだことがありません。
> 　　아니오, 읽은 적이 없습니다.

1 九州に行きましたか。

　➡　いいえ、

---

2 日本語で作文を書きましたか。

　➡　いいえ、

---

③ 富士山を見ましたか。

→ いいえ、

④ そのことを話しましたか。

→ いいえ、

⑤ その先生に会いましたか。

→ いいえ、

4. 보기와 같이 문을 바꾸세요.

보기

この本をいっしょに読む。

→ この本をいっしょに読みましょう。

① 山道をいっしょに歩く。

→

② 駅の外で待つ。

→

❸ はやく電車に乗る。

➡ _______________________________________

❹ 駅前で道を聞く。

➡ _______________________________________

❺ メールをもう一度たしかめる。

➡ _______________________________________

❶ 우유를 매일 마셔 보겠습니다.

➡ _______________________________________

❷ 그 책은 전에 읽은 적이 있습니다.

➡ _______________________________________

❸ 좀 더 걸어 봅시다.

➡ _______________________________________

❹ 주위를 구경하면서 돌아봅시다.

➡ _______________________________________

5 아무에게도 말한 적이 없습니다.

➜ ____

1 ____

2 ____

3 ____

4 ____

5 ____

어휘					
時代	じだい	시대, 시절	ラグビー		럭비
アイディア		아이디어	作文	さくぶん	작문
待つ	まつ	기다리다	先に	さきに	먼저
ミルク		우유	九州	きゅうしゅう	규슈
山道	やまみち	산길	道	みち	길
もう一度	もういちど	한 번 더			

제1과 **富士山に行ったことがあります** 17

りさ　　まことさんは、毎日運動しますか。

まこと　いいえ、あまり運動はしません。

りさ　　私は、先月から毎朝公園を走っているんです。

　　　　走るのは大変ですが、走った後はとても気持ちがいいです。

まこと　いやあ、でも、僕は走るのは嫌いですね。

りさ　　そんなこと言わないで、いっしょに走ってみましょうよ。

まこと　しょうがないですね。

りさ　　では、明日の朝六時に、公園の入口で。

어휘					
毎日	まいにち	매일	運動	うんどう	운동
先月	せんげつ	지난 달	毎朝	まいあさ	매일 아침
公園	こうえん	공원	走る	はしる	달리다
大変だ	たいへんだ	힘들다	気持ち	きもち	기분
嫌いだ	きらいだ	싫다	しょうがない		어쩔 수 없다
入口	いりぐち	입구			

나의 몸 (私の身体)

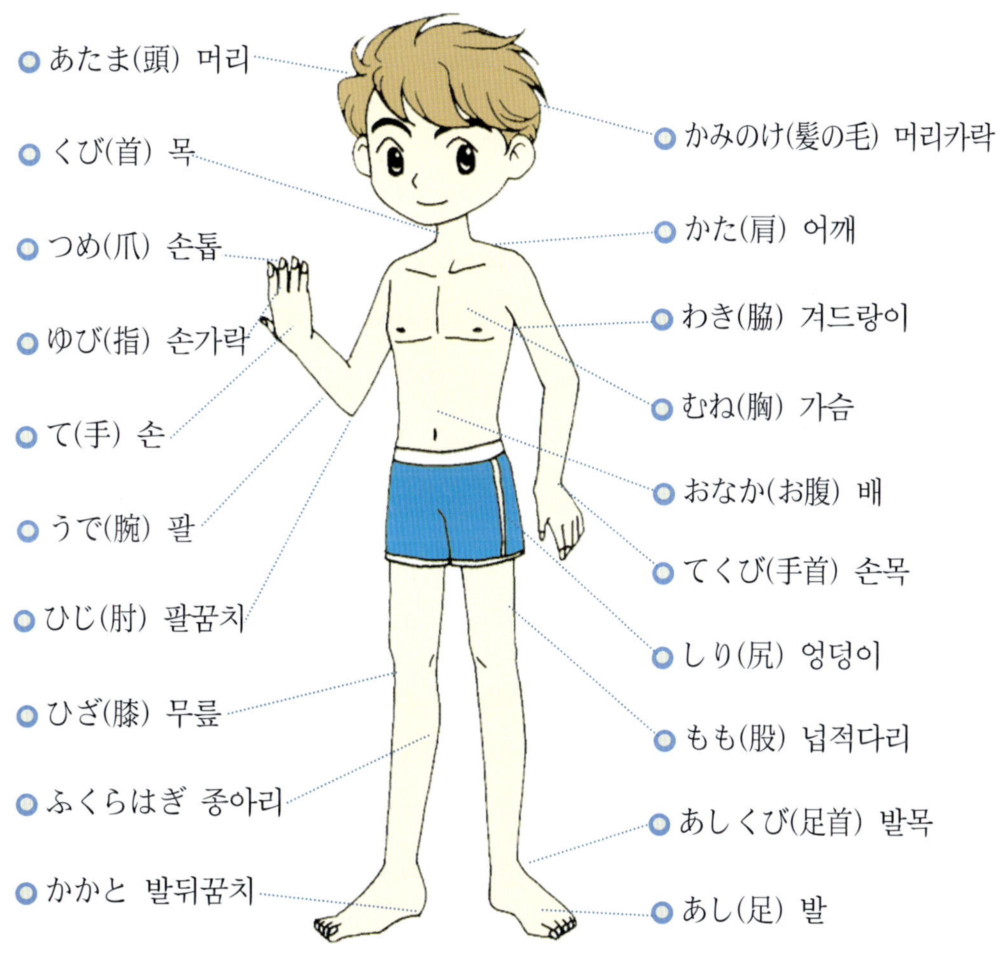

- あたま(頭) 머리
- くび(首) 목
- つめ(爪) 손톱
- ゆび(指) 손가락
- て(手) 손
- うで(腕) 팔
- ひじ(肘) 팔꿈치
- ひざ(膝) 무릎
- ふくらはぎ 종아리
- かかと 발뒤꿈치
- かみのけ(髪の毛) 머리카락
- かた(肩) 어깨
- わき(脇) 겨드랑이
- むね(胸) 가슴
- おなか(お腹) 배
- てくび(手首) 손목
- しり(尻) 엉덩이
- もも(股) 넓적다리
- あしくび(足首) 발목
- あし(足) 발

第1課　単語テスト

01	02
03	04
05	06
07	08
09	10
11	12
13	14
15	16
17	18
19	20

花火大会に行ってみましょう

ポイント

1. ～てしまう
2. ～ていく
3. 동사의 명사화
4. 준체조사 「の」
5. ～ながら

제2과　花火大会に行ってみましょう

スズキ씨가 유학생 이민지양에게 불꽃놀이에 같이
가보자고 이야기 합니다.

鈴木　李さん、今夜、花火大会がありますが、いっしょに行きませんか。

李　　ええ、いいですね。いっしょに行きましょう。

李　　映画で見るのとは、ぜんぜん違いますね。
　　　とてもきれいですね。

鈴木　私も初めて見たときは、すごいなと思いました。

李　　色もきれいで、模様も色んなのがありますね。

鈴木　日本の花火は世界的にも有名です。

李　　花火は夏祭りの楽しみの一つですね。
　　　むし暑い夜は花火を見ながら過ごすのがいちばんです。

鈴木　あ、何かいいにおいがしますね。

李　　ほんとうですね。あ、向こうに屋台があります。

鈴木　屋台でたこ焼きとか食べてみましょうか。

李　　はい、そうしましょう。

鈴木　ここからはよく見えませんね。もうすぐ終わってしまいます。
　　　向こうに戻りましょうか。

李　　はい、これを持っていきましょう。

어휘					
今夜	こんや	오늘밤	花火大会	はなびたいかい	불꽃놀이
ぜんぜん		전혀	違う	ちがう	다르다
初めて	はじめて	처음으로	すごい		굉장하다
色	いろ	색	模様	もよう	모양
色んな	いろんな	여러가지	世界的	せかいてき	세계적
夏祭り	なつまつり	여름축제	楽しみ	たのしみ	즐거움
むし暑い	むしあつい	무덥다	過ごす	すごす	지내다
においがする		냄새가 나다	向こう	むこう	건너편
屋台	やたい	포장마차	たこ焼き	たこやき	다꼬야끼
見える	みえる	보이다	終わる	おわる	끝나다
戻る	もどる	돌아오다, 돌아가다	持っていく	もっていく	들고 가다, 갖고 가다

1　〜てしまう

　동사의 「て」형에 보조동사 「しまう」가 결합하여 '〜해 버리다, 다 〜하다'라는 의미를 나타낸다. 동작의 완결 또는 그 사태에 대한 화자의 후회의 심정을 나타내는 표현이 된다.

● 동작의 완결을 나타내는 경우

全部使ってしまった。　　　　　　전부 써 버렸다.
レポートを出してしまいました。　리포트를 내버렸습니다.

● 후회의 심정을 나타내는 경우

授業に遅れてしまいました。　　　수업에 늦어버렸습니다.
携帯をなくしてしまった。　　　　핸드폰을 잃어버렸다.

2　〜ていく

　동사의 「て」형에 보조동사 「いく」가 결합하여 '〜고 가다' 또는 변화를 나타내는 '〜아(어) 지다'라는 의미를 나타낸다.

これを持っていきます。　　　　이것을 갖고 갑니다.
テキストを読んでいきます。　　교재를 읽고 갑니다.
明るくなっていきます。　　　　밝아져 갑니다.

3 동사의 명사화

동사의 「ます」형은 독립하여 명사로 쓰이기도 한다.

楽しむ → 楽しみます → 楽しみ 즐거움
考える → 考えます ⇒ 考え   생각

それはとてもいい考えですね。   그건 굉장히 좋은 생각이네요.
行きは電車で、帰りはバスでした。

          갈 때는 전철이고 돌아올 때는 버스였습니다.

4 준체조사 「の」

「の」는 명사와 명사를 연결해 주는 역할 이외에 명사를 대신하는 준체조사로도 쓰인다.

映画で見るのとは違う。   영화에서 보는 것과는 다르다.
色んなのがある。   여러 가지 것이 있다.
新しいのはどれですか。   새로운 것은 어느 것입니까?

5 ～ながら

동사의 「ます」형에 접속하여 '~하면서'라는 의미를 나타낸다.

花火を見ながら過ごす。   불꽃놀이를 보면서 지내다.
たこ焼きを食べながら歩く。   다코야키를 먹으면서 걷는다.
歩きながら電話する。   걸으면서 전화한다.

어휘					
全部	ぜんぶ	전부	使う	つかう	사용하다
レポート		리포트	出す	だす	내다, 제출하다
遅れる	おくれる	늦다	携帯	けいたい	핸드폰
なくす		잃어버리다	テキスト		텍스트, 교재
明るい	あかるい	밝다	違う	ちがう	다르다

練習

1. 보기와 같이 보조동사 표현으로 바꾸고 해석하세요.

> **보기**
>
> にぎやかで、びっくりする。（〜てしまう/과거）
>
> ➡ にぎやかで、びっくりしてしまいました。
> 번화해서 깜짝 놀라버렸습니다.

❶ 少しずつ説明する。（〜ていく, 현재）

➡ ____

____

❷ 宿題を早くやる。（〜てしまう, 권유）

➡ ____

____

❸ 本を全部読む。（〜てしまう, 과거）

➡ ____

____

❹ 体が丈夫になる。（〜ていく, 현재）

➡ ____

____

5 メールを送る。 （～てしまう, 권유）

➡ _______________________________________

____

> 보기
>
> 音楽を聞く / 走る
>
> ➡ 音楽を聞きながら走りましょう。

1 テレビを見る / コーヒーを飲む

➡ _______________________________________

2 ゆっくり考える / 話す

➡ _______________________________________

3 休む / 勉強する

➡ _______________________________________

4 ビールを飲む / 花火を楽しむ

➡ _______________________________________

5 レシピを見る / たこ焼きを作る

➡ _______________________________________

3. 보기와 같이 질문에 맞는 답을 만드세요.

> 보기
> あなたのかばんはどれですか。
> ➡ 私のはこれです。

① かわいい帽子はどれですか。

➡ ___________________________________

② おいしい飲み物はどれですか。

➡ ___________________________________

③ 静かな部屋はどちらですか。

➡ ___________________________________

④ 便利なかばんはどれですか。

➡ ___________________________________

⑤ ここからいちばん近い公園はどこですか。

➡ ___________________________________

4. 보기와 같이 문장을 바꿔보세요.

> 보기
> 日本の花火は世界にほこるものです。
> ➡ 花火は日本のほこりです。

① 外国語はまず聞きとることが大事です。

➡ 外国語はまず ＿＿＿＿＿＿＿＿＿＿＿ が大事です。

② あれはソウル駅まで行く電車です。

➡ あの電車はソウル駅 ＿＿＿＿＿＿＿＿＿＿＿ です。

③ 花火大会のことでいいことを考えました。

➡ 花火大会のことでいい ＿＿＿＿＿＿＿＿＿＿＿ があります。

④ これから一時間待ちます。

➡ これから一時間 ＿＿＿＿＿＿＿＿＿＿＿ です。

⑤ 今日はおそく帰ります。

➡ 今日は ＿＿＿＿＿＿＿＿＿＿＿ がおそいです。

5. 일본어로 작문하세요.

① 아직 시간이 있으니까 걱정하지 않아도 괜찮습니다.

➡ ＿＿＿＿＿＿＿＿＿＿＿＿＿＿＿＿＿＿＿＿＿＿＿＿＿

② 약속 시간에 늦어 버렸습니다.

➡ ＿＿＿＿＿＿＿＿＿＿＿＿＿＿＿＿＿＿＿＿＿＿＿＿＿

③ 열심히 해보겠습니다.

➡ ＿＿＿＿＿＿＿＿＿＿＿＿＿＿＿＿＿＿＿＿＿＿＿＿＿

❹ 빨리 집으로 돌아가 주세요.

➡ ____

❺ 방학의 즐거움은 무엇입니까?

➡ ____

6. 잘 듣고 받아 적으세요.

❶ ____

❷ ____

❸ ____

❹ ____

❺ ____

어휘					
説明する	せつめいする	설명하다	宿題	しゅくだい	숙제
全部	ぜんぶ	전부	体	からだ	몸
丈夫だ	じょうぶだ	튼튼하다	送る	おくる	보내다
レシピ		레시피	休む	やすむ	쉬다
作る	つくる	만들다	かわいい		귀엽다
帽子	ぼうし	모자	飲み物	のみもの	음료
便利だ	べんりだ	편리하다	誇る	ほこる	자랑하다
外国語	がいこくご	외국어	聞きとる	ききとる	청취하다
大事だ	だいじだ	중요하다			

アンヌ　この部分、何と読みますか。

田中　あ、それは「たのしみ」と読みます。

　　　日本語の漢字の読み方は難しいでしょう。

アンヌ　ええ、とても。

　　　でも、おもしろいです。

田中　アンヌさんは勉強熱心ですね。

　　　よかったら毎週、漢字の勉強をいっしょにしましょうか。

アンヌ　ほんとうですか。たすかります。よろしくお願いします。

어휘					
部分	ぶぶん	부분	漢字	かんじ	한자
読み方	よみかた	읽는 법	難しい	むずかしい	어렵다
熱心	ねっしん	열심	毎週	まいしゅう	매주
たすかります		도움이 됩니다			

면적(面積) : 37万 7873 ㎢ (한반도의 1.7배)

인구(人口) : 1億 2754万人 (2003년 현재)

국토의 구성(構成) : 4개의 큰 섬과 6852여개의 작은 섬

행정구역(行政区域) : 1都(東京都)

1道(北海道)

2府(大阪府・京都府)

43県

第2課　単語テスト

名前

01　　　　　　　　　　　　02

03　　　　　　　　　　　　04

05　　　　　　　　　　　　06

07　　　　　　　　　　　　08

09　　　　　　　　　　　　10

11　　　　　　　　　　　　12

13　　　　　　　　　　　　14

15　　　　　　　　　　　　16

17　　　　　　　　　　　　18

19　　　　　　　　　　　　20

제3과

電車で学校に通っています

ポイント

1. 〜ている
2. 복합동사
3. 〜のだ

제3과

電車で学校に通っています

우치다씨는 전철에서 지갑을 잃어버린 일을 시작으로 매우 운이 나쁜 하루를 보냈습니다.

内田　昨日、財布をなくしてしまって大変でした。

　　　ポケットに穴が開いていたのです。

山内　あら、まあ。いつ気づいたんですか。

内田　私はバスと電車で、学校に通っていますが、

　　　バスに乗り換える時、分かりました。

山内　それでどうしたんですか。

内田　家まで歩いて帰りました。

山内　かわいそうに。

内田　歩いて一時間以上かかりました。

山内　それは大変でしたね。

内田　でも、それだけじゃないんです。

山内　え、まだ何かあったんですか。

内田　急に雨が降り出したのです。

　　　もちろんかさも持っていませんでしたし。

山内　それでどうしましたか。

内田　走って帰ったのですが、家にはだれもいませんでした。

山内　ほんとうに大変な一日でしたね。

財布	さいふ	지갑	ポケット		주머니
穴	あな	구멍	開く	あく	열리다, 뚫리다
気づく	きづく	알아차리다	通う	かよう	다니다
乗り換える	のりかえる	갈아타다	家	うち/いえ	집
かわいそうだ		불쌍하다	以上	いじょう	이상
だけ		~만	急に	きゅうに	급히, 급하게
降り出す	ふりだす	내리기 시작하다	もちろん		물론
かさ		우산			

1 ～ている

동사가 본래 갖고 있는 의미에 따라 「～ている」형의 의미가 '동작진행'을 나타 내는 경우와, '결과지속'을 나타내는 경우로 크게 나뉜다.

① 동작진행

기본동사	동작진행	의 미
読む	本を読んでいる	책을 읽고 있다
走る	グラウンドを走っている	운동장을 달리고 있다
食べる	ご飯を食べている	밥을 먹고 있다
待つ	友だちを待っている	친구를 기다리고 있다

② 결과지속

기본동사	결과지속	의 미
座る	前に座っている	앞에 앉아 있다
行く	日本に行っている	일본에 가 있다
閉まる	窓が閉まっている	창이 닫혀 있다
開く	穴が開いている	구멍이 뚫려 있다

「～ている」의 과거표현은 「～ていた」이고 부정표현은 「～ていない」이다.

財布が落ちている。	지갑이 떨어져 있다.
前に座っていた。	앞에 앉아 있었다.
本を読んでいない。	책을 읽고 있지 않다.
穴が開いていない。	구멍이 뚫려 있지 않다.

2 복합동사「乗りかえる」

일본어는 앞 동사의「ます」형 뒤에 다른 동사를 연결하여 다양한 복합동사를 만든다.

① 乗る＋かえる：乗り＋かえる ⇒ 乗りかえる

学校まで乗りかえる必要はない。　　학교까지 환승할 필요는 없다.

② 考える＋はじめる：考え＋はじめる ⇒ 考えはじめる

その問題を考えはじめた。　　그 문제를 생각하기 시작했다.

③ 降る＋だす：降り＋だす ⇒ 降りだす

急に雨が降りだした。　　갑자기 비가 오기 시작했다.

3 〜のだ・〜のです

형식명사「の」에「だ・です」를 붙이면「〜인 것이다, 〜인 것입니다」의 의미를 나타낸다. 문말 표현 중 하나로 앞에 오는 문에 대한 설명을 나타낸다. 회화에서는 주로 축약형「んだ・んです」로 쓰인다.

穴が開いていたのです。　　구멍이 뚫려 있었던 것입니다.
だれもいなかったのです。　　아무도 없었던 것입니다.
窓が閉まっていたんです。　　창문이 닫혀 있었던 것입니다.

어휘					
座る	すわる	앉다	閉まる	しまる	닫히다
落ちる	おちる	떨어지다	必要	ひつよう	필요
問題	もんだい	문제	はじめる		시작하다
窓	まど	창문			

1. 보기와 같이 복합동사를 만드세요.

보기

乗る、かえる	➡ 乗りかえる

1. 書く、はじめる　➡
2. する、はじめる　➡
3. 読む、おわる　➡
4. 食べる、おわる　➡
5. 走る、だす　➡
6. しゃべる、だす　➡
7. やる、なおす　➡
8. 聞く、なおす　➡
9. 話す、あう　➡
10. ほめる、あう　➡

2. 보기와 같이 「~ている형」으로 바꾸고 해석하세요.

> 보기
>
> 大学に通う。
>
> ➡ 大学に通っています。
> 　 대학에 다니고 있습니다.

1 おいしいものを食べる。

➡ ________________________________

____

2 ドラマを見る。

➡ ________________________________

____

3 ドアが閉まる。

➡ ________________________________

____

4 兄が日本へ行く。

➡ ________________________________

____

⑤ 道が左に曲がる。

➡

✏ **3. 다음 문장을 해석하세요.**

① A：もう帰るんですか。

B：弟が一人で泣いているんです。

➡ A：

B：

② A：だれか待っているんですか。

B：友達がグラウンドを走っているので、待っているんです。

➡ A：

B：

③ A：何を見ているんですか。

B：財布が落ちているんです。

➡ A：

B：

④ どうしてぼんやり立っているんですか。

　➡ ________________________________

⑤ お姉さんは結婚しているんですか。

　➡ ________________________________

보기
お昼を食べています。
　➡ お昼を食べているのです。
　　 お昼を食べているんです。

① バスに乗っています。

　➡ ________________________________

　________________________________

② 雨が降り出しました。

　➡ ________________________________

　________________________________

❸ 困っています。

　➡

❹ 大学に通っています。

　➡

❺ 電車に乗りかえました。

　➡

❶ 비가 오기 시작한 것입니다.

　➡

❷ 돈을 전부 써 버렸습니다.

　➡

❸ 전철을 갈아타고 언니 집에 갑니다.

　➡

❹ 운동장을 달리고 있는 사람은 내 남동생입니다.

➡ ________________________________

❺ 편의점에서 아르바이트를 하고 있습니다.

➡ ________________________________

> **6. 잘 듣고 받아 적으세요.**

❶ ________________________________

❷ ________________________________

❸ ________________________________

❹ ________________________________

❺ ________________________________

어휘					
しゃべる		말하다	～なおす		다시 ~하다
～あう		서로 ~하다	ほめる		칭찬하다
左	ひだり	왼쪽	曲がる	まがる	구부러지다, 돌다
泣く	なく	울다	ぼんやり		멍하니
立つ	たつ	서다	結婚	けっこん	결혼
困る	こまる	곤란하다	コンビニ		편의점
バイト		아르바이트			

会話

上野　池田さん、この夏、プールに行きましたか。

池田　いいえ、まだです。上野さんは。

上野　私も、まだ、行っていません。

　　　今からいっしょに行きませんか。

池田　いいんですか。レポート、明日までじゃないですか。

上野　いいえ、レポートは、来週の月曜日までです。

池田　それなら、大丈夫ですね。

上野　さあ、水着とか持ってきてプールの前で会いましょう。

池田　じゃ、十一時に入口のところで。

어휘				
夏	なつ	여름	プール	수영장
まだ		아직	それなら	그러면
大丈夫だ	だいじょうぶだ 괜찮다		水着　みずぎ	수영복

さっぽろ
札幌
ほっかいどう
北海道
あおもり
青森
あきた
秋田
もりおか
盛岡
せんだい
仙台
しものせき
下関
ひろしま
広島
きょうと
京都
こうべ
神戸
ふくおか
福岡
ほんしゅう
本州
とうきょう
東京
きゅうしゅう
九州
しこく
四国
おおさか
大阪
なら
奈良
なごや
名古屋
よこはま
横浜
くまもと
熊本
かごしま
鹿兒島

MEMO

第3課　単語テスト

名前

01	02
03	04
05	06
07	08
09	10
11	12
13	14
15	16
17	18
19	20

제4과

携帯がほしいです

ポイント

1. 희망표현
2. 〜わけだ
3. 〜ず(に)

携帯がほしいです

무라야마씨는 신형 핸드폰 구입과 어머니와의
해외여행을 위해 아르바이트를 찾고 있습니다.

川田　新しい携帯がほしくて、バイトがしたいわけですか。

村山　それもありますけど、お金もほしいんです。

　　　冬休みに母と旅行をするつもりなので、お金が必要なんです。

川田　海外に行くんですか。

村山　いいえ、北海道に行きたいです。

川田　それはすてきですね。

村山　母が以前から行きたがっています。

　　　今度の休みにはぜひいっしょに行ってほしいって。

川田　北海道の雪景色は映画によく出てきますね。

村山　そうですね。『ラブ・レター』とか『鉄道人ぽっぽや』とか。

川田　出来れば、その映画に出てくる場所にも行って、

　　　見てきてほしいですね。

村山　ええ、そうしたいと思います。

　　　川田さん、北海道で何か買ってきてほしいものはないですか。

川田　あら、頼んでもいいんですか。

　　　実は、ラベンダーの香水がほしいんですが。

村山　そうですか。忘れずに買ってきます。

川田　ありがとうございます。

1　희망표현

❶　～たい

동사의 「ます」형에 접속하여 희망의 의미를 나타낸다. 어미가 「い」로 끝나므로 「동사 + たい」의 복합어는 い형용사 활용을 한다.

(私は)水が飲みたいです。　　　　　(나는) 물을 마시고 싶습니다.
(私は)ご飯を食べたくないです。　　(나는) 밥을 먹고 싶지 않습니다.

「～たい」문의 문형은 「(～は) ～が ～たい」가 기본으로 목적어를 조사 「が」로 표현해야 한다. 그러나 「(～は) ～を ～たい」형으로 쓰는 경우가 있는데 쓰임새가 약간 다르다.

水が飲みたい。　　　　　　　　　물이 마시고 싶다.
水を飲みたい。　　　　　　　　　물을 마시고 싶다.
日本語が習いたい。　　　　　　　일본어가 배우고 싶다.
日本語を習いたい。　　　　　　　일본어를 배우고 싶다.

❷　～たがる

「たい」로 나타내는 희망표현은 기본적으로 1인칭 주어에 사용하고, 2인칭의 경우는 의문문에 한정하여 사용된다. 그리고 3인칭 주어의 희망표현은 「たい」를 동사화한 「たがる」를 사용해야 한다.

私はパリに行きたいです。　　　　나는 파리에 가고 싶습니다.

あなたもパリに行きたいんですか。　　　　당신도 파리에 가고 싶은 건가요?

マイケルさんもパリに行きたがっています。

　　　　　　　　　　　　　　　　마이클씨도 파리에 가고 싶어 합니다.

彼はその本を読みたがっています。　　　그는 그 책을 읽고 싶어 합니다.

	동사	~たい	~たがる
5단동사	読む 遊ぶ	よみたい あそびたい	よみたがる あそびたがる
1단동사	降りる 忘れる	おりたい わすれたい	おりたがる わすれたがる
불규칙동사	来る する	きたい したい	きたがる したがる

❸ ほしい

'갖고 싶다, 먹고 싶다, 원하다'의 의미를 갖는 형용사이다. 「~が ほしい」와 같이 목적어를 조사 「が」로 써야 한다.

冷たいお茶がほしい。　　　　　　　차가운 차를 마시고 싶다.

日本人の友達がほしい。　　　　　　일본인 친구가 있었으면 한다.

❹ ~てほしい

동사의 「て」형에 「ほしい」를 접속하여 '~해 주었으면 하다'라는 표현을 만든다. 화자보다 상위의 사람이 아닌 상대방이 어떤 동작을 해주기를 원할 때 사용하는 표현이며 구어적인 표현이라고 할 수 있다.

明日も来てほしいです。　　　　　　내일도 와주었으면 합니다.

練習してきてほしいです。　　　　　연습해서 왔으면 합니다.

⑤ ほしがる

「ほしい」를 동사화한 말로 '~하고 싶어 하다'라는 의미를 나타낸다.

私は新しいスカーフがほしいです。　　　나는 새 스카프를 갖고 싶습니다.

あなたもスカーフがほしいですか。　　　당신도 스카프를 갖고 싶습니까?

ヘレンさんもスカーフをほしがっています。

　　　　　　　　　　　　　　　　헬렌씨도 스카프를 갖고 싶어 합니다.

2 ～わけだ

「～わけだ」는 '~것이다'로 해석되며, 원인·이유를 나타낸다. 「わけ」의 원래의
명사적 의미는 '이유'이므로 이와 관련이 있다고 할 수 있다.

遅れたわけを言いなさい。　　　　늦게 온 이유를 말하세요.

それで中止になったわけですね。　그래서 중지된 거군요.

それでちゃんと練習したわけだ。　그래서 제대로 연습한 거구나.

3 ～ず(に)

동사의 부정형에 접속하여 '~하지 않고'라는 의미를 나타낸다. 「来る」와는 결
합하지 않으며 「する」는 「せ」에 접속한다.

話す　：はなさ＋ず(に) ⇒ はなさず(に)　　이야기하지 않고

飲む　：のま＋ず(に)　 ⇒ のまず(に)　　　마시지 않고

食べる：たべ＋ず(に)　 ⇒ たべず(に)　　　먹지 않고

する　：せ＋ず(に)　　 ⇒ せず(に)　　　　하지 않고

朝ご飯も食べずに学校へ行きました。

　　　　　　아침밥도 먹지 않고 학교에 갔습니다.

予習もせずに授業に出たので、よく分かりませんでした。

　　　예습도 하지 않고 수업에 갔기 때문에 잘 이해할 수 없었습니다.

ほしいものを買わずにはいられません。

　　　　　갖고 싶은 물건을 사지 않고는 견딜 수 없습니다.

練習

보기

彼女とアメリカへ行きます。

➡ 彼女とアメリかへ行きたいです。
　　彼女とアメリかへ行きたがっています。

① もう少し早く走ります。

➡ _______________________

② 家族と楽しく暮す。

➡ _______________________

③ スーパーに寄る。

➡ _______________________

4 友達とゆっくりおしゃべりをする。

　➡

5 新しい服を買う。

　➡

보기
水がほしいです。

　➡ 水をほしがっています。
　　 水が飲みたいです。

1 新しいかばんがほしいです。

　➡

2 おいしいパンがほしいです。

　➡

③ 広い部屋がほしいです。

➡ ________________________________

____

④ おもしろいマンガがほしいです。

➡ ________________________________

____

⑤ かわいいイヤリングがほしいです。

➡ ________________________________

____

보기

がんばって勉強する。

➡ がんばって勉強してほしいです。
분발해서 공부했으면 합니다.

① 宿題をやる。

➡ ________________________________

____

② この問題に答える。

➡ ________________________________

____

③ 海外旅行へいっしょに行く。

➡ ________________________________

____

④ まじめに先生のお話を聞く。

➡ ________________________________

____

⑤ 果物をたくさん食べる。

➡ ________________________________

____

4. 보기와 같이 문장을 바꾸세요.

> 보기
> 旅行に行きたいです。
> ➡ 旅行に行きたいわけです。

① 自転車に乗りたいです。

➡ ________________________________

2 弟が友達と遊びたがっています。

➜ ____

3 母がスカーフをほしがっています。

➜ ____

4 コンサートを見に行きたいです。

➜ ____

5 早く忘れてほしいです。

➜ ____

> 보기
>
> 話さないで、だまっている。
>
> ➜ 話さず(に)、だまっている。
> 말하지 않고 입을 다물고 있다.

1 勉強しないで、遊んでいる。

➜ ____

____

② 水も飲まないで、走っている。

　➡

③ 十分も待たないで、帰ってしまう。

　➡

④ 何も言わないで、入ってくる。

　➡

⑤ スーパーに寄らないで、戻ってきた。

　➡

6. 일본어로 작문하세요.

① 번화한 곳에 가고 싶습니다.

　➡

② 지금은 차가운 음료수를 마시고 싶다.

　➡

3 동생은 새 노트북컴퓨터를 사고 싶어 하고 있습니다.

➡ ______________________________________

4 서둘러서 사무실에 가주었으면 합니다.

➡ ______________________________________

5 아무것도 마시지 않고 달리고 있다.

➡ ______________________________________

7. 잘 듣고 받아 적으세요.

1 ______________________________________

2 ______________________________________

3 ______________________________________

4 ______________________________________

5 ______________________________________

어휘					
暮す	くらす	살다	寄る	よる	들르다
おしゃべりをする		수다를 떨다	服	ふく	옷
広い	ひろい	넓다	マンガ		만화
イヤリング		귀걸이	答える	こたえる	답하다
まじめだ		성실하다	果物	くだもの	과일
自転車	じてんしゃ	자전거	コンサート		콘서트
だまる		입을 다물다			

とおる　　めぐみちゃんのお誕生日、もうすぐでしょう。

りえ　　　そうなんです。プレゼントを買いたいんですが、

　　　　　何がいいでしょうか。

とおる　　彼女、この前見た映画のDVD^{ディーヴィディー}をほしがっていました。

さとし　　私には、自分の顔を描いてほしいと言っていました。

りえ　　　どうします。描いてあげるんですか。

さとし　　でも、今はちょっと時間がありません。

とおる　　三人でお金を出して、いっしょにDVDを買うのはどうですか。

さとし　　それがいいですね。

語彙					
誕生日	たんじょうび	생일	自分	じぶん	자신
顔	かお	얼굴	描く	かく, えがく	그리다
出す	だす	내다			

같은 동물이 내는 울음소리인데도 한국 사람과 일본 사람은 각기 다르게 소리를 듣고 표현한다. 어떻게 다른지 알아보자.

동물 이름		울음소리	
우리말	일본어	우리말	일본어
개	犬(いぬ)	멍멍	ワンワン
고양이	猫(ねこ)	야옹	ニャーニャー
병아리	ひよこ	삐약삐약	ピヨピヨ
닭	鶏(にわとり)	꼬끼오	コケコッコ
소	牛(うし)	음메	モーモー
말	馬(うま)	히힝	ヒヒーン
쥐	鼠(ねずみ)	찍찍	チューチュー
돼지	豚(ぶた)	꿀꿀	ブーブー
염소	山羊(やぎ)	음메에	メーメー
참새	雀(すずめ)	짹짹	チュンチュン
까마귀	烏(からす)	까악까악	カァーカァー
개구리	蛙(かえる)	개굴개굴	ケロケロ

第4課　単語テスト

01

02

03

04

05

06

07

08

09

10

11

12

13

14

15

16

17

18

19

20

いっしょに行こうと思います

ポイント

1. 권유·의지표현
2. い형용사의 명사형
3. ～たばかりだ
4. ～と思う
5. な형용사의 に형+する
6. ～のような

いっしょに行こうと思います

요시다씨는 종합상사의 영업사원입니다. 결혼한 지 얼마 되지 않았습니다.

部長　吉田君、結婚、おめでとう。

吉田　このたびは大変お世話になりました。ありがとうございました。

部長　新婚旅行はどうしたんだ。

吉田　ご存じのようにこんな忙しさなので……

部長　それはいけない。一生に一度じゃないか。

吉田　それで部長、ヨーロッパ出張の時、家内といっしょに行こうと
　　　思っているんですが、大丈夫でしょうか。

部長　それはかまわないが。

吉田　ありがとうございます。

部長　そういえば、十二月に昇進試験があると聞いたが。

吉田　そうです。今度の試験に落ちるわけにはいかないので、
　　　戻ってからはいっしょけんめい勉強しようと思います。

部長　君には期待しているから、頑張ってくれ。
　　　しかし、もう結婚したんだから、家庭も大事にしないと。

吉田　はい、部長のご家庭のような暖かい家庭を作りたいと思って
　　　います。

어휘				
部長	ぶちょう	부장	このたび	이번
お世話になる	おせわになる	신세를 지다	新婚	しんこん	신혼
忙しさ	いそがしさ	바쁨	一生	いっしょう	일생
ヨーロッパ		유럽	出張	しゅっちょう	출장
家内	かない	아내	かまわない		상관없다, 괜찮다
そういえば		그러고 보니	昇進	しょうしん	승진
落ちる	おちる	떨어지다	期待する	きたいする	기대하다
家庭	かてい	가정	頑張る	がんばる	노력하다

1 권유·의지표현

동사의 기본형을 활용시켜 권유·의지를 나타낼 수 있다. 5단동사는 「お」단으로 바꾸어 「う」를 붙이고, 1단동사는 「る」를 탈락시키고 「よう」를 붙여 만든다. 화자의 의지를 나타낼 수도 있고, 청자와 함께하는 행위라면 권유의 의미를 나타내게 된다.

동사		권유·의지표현	
		(お)う·よう형	ましょう형
5단동사	行く 話す	いこう はなそう	行きましょう 話しましょう
1단동사	食べる 考える	たべよう かんがえよう	食べましょう 考えましょう
불규칙동사	来る する	こよう しよう	来ましょう しましょう

明日も朝早く起きよう。	내일도 아침 일찍 일어나자.
健康のために、毎日歩こう。	건강을 위해 매일 걷자.
毎日練習しよう。	매일 연습하자.
来年も来よう。	내년에도 오자.

い形容사의 명사형

い形容사는 어간에 「さ」를 붙여 명사형을 만들 수 있다.

忙しい	⇒	いそがしさ	大きい	⇒	おおきさ
美しい	⇒	うつくしさ	高い	⇒	たかさ
寒い	⇒	さむさ	長い	⇒	ながさ
早い	⇒	はやさ	辛い	⇒	からさ
＊いい	⇒	よさ			

彼女の優しさにほれました。 그녀의 상냥함에 반했습니다.

あのビルの高さは世界一です。 저 빌딩의 높이는 세계 제일입니다.

この飲み物は甘さが足りない。 이 음료수는 단맛이 모자란다.

～たばかりだ

동사의 「た」형에 「ばかりだ」를 접속시켜 동작이 완료된 지 얼마 지나지 않았음을 나타내는 표현으로 '막 ～했다'라고 해석한다.

部長は出かけたばかりです。 부장님은 막 나갔습니다.

お茶を飲んできたばかりです。 차를 막 마시고 왔습니다.

昇進試験をパスしたばかりです。 승진시험을 막 패스했습니다.

～と思う、～と思っている

'～라고 생각한다'라고 자신의 의견 및 생각을 말할 때 사용할 수 있는 표현이다. 동사의 의지형과 결합되면 '생각하다'라고 해석하지 않고, '～하려고 한다'라고 해석하는 것이 자연스럽다.

イタリアに行こうと思います。　　　　　이탈리아에 가고자 합니다.

スペイン語を勉強しようと思っています。 스페인어를 공부하려고 합니다.

5　　な形容詞の に形+する

な형용사의 「に」형에 「する」를 접속하여 '~하게 하다' 또는 '~하게 여기다'라는 의미로 쓰인다.

家族を大事にする。　　　　　　　　　가족을 소중히 여기다.

授業中は静かにする。　　　　　　　　수업중에는 조용히 하다.

6　　～のような 名詞

뒤에 오는 명사를 수식하여 비유할 때 쓰이는 표현으로 '~같은'이라고 해석된다.

東京のような大都会に住みたいです。 동경과 같은 대도시에 살고 싶습니다.

どろぼうのようなあやしい人でした。

　　　　　　　　　도둑 같은 (같아 보이는) 수상한 사람이었습니다.

어휘					
健康	けんこう	건강	優しさ	やさしさ	상냥함
ほれる		반하다	世界一	せかいいち	세계 제일
甘さ	あまさ	단맛	足りる	たりる	충분하다
出かける	でかける	외출하다	パスする		패스하다
お茶	おちゃ	차	静かだ	しずかだ	조용하다
大都会	だいとかい	대도시	住む	すむ	살다
どろぼう		도둑	あやしい		수상하다

  1. 보기와 같이 동사를 권유·의지형으로 만드세요.

보기
早く起きる。
　→ 早く起きよう。
　　早く起きましょう。

① 遅れないように急ぐ。

　→

② 都会で暮らす。

　→

③ 注意して運転する。

　→

④ バイクに気をつけて降りる。

　→

5 元気な子供に育てる。

➡ ______________________________

____

보기

学生に分りやすく教える。

➡ 学生に分りやすく教えようと思います。
　　학생에게 알기쉽게 가르치려고 생각합니다.

1 まじめに答える。

➡ ______________________________

____

2 しんけんに問題を考える。

➡ ______________________________

____

3 部屋を新しく変える。

➡ ______________________________

____

4 このドラマを最後まで見る。

➡

5 駅まで走る。

➡

보기

その話は兄から聞いた。

➡ その話は兄から聞いたばかりだ。
그 이야기는 형에게 막 들었다.

1 夕ご飯の支度が終わった。

➡

2 その問題の答えは出た。

➡

③ ヨーロッパ出張から戻った。

➡ ________________________________

____

④ 友達は今帰った。

➡ ________________________________

____

⑤ 果物は冷蔵庫に入れた。

➡ ________________________________

____

보기
一生懸命勉強しようと思います。
➡ 一生懸命勉強したいと思います。

① 今年は結婚しようと思います。

➡ ________________________________

② 家庭を大事にしようと思います。

➡ ________________________________

③ 暖かい家庭を作ろうと思います。

　➡ ____

④ フランス語を習おうと思います。

　➡ ____

⑤ 英字新聞を読もうと思います。

　➡ ____

① 맛있는 카레를 만들려고 합니다.

　➡ ____

② 내일도 도서관까지 걸어서 갑시다.

　➡ ____

③ 점심을 막 먹고 온 참입니다.

　➡ ____

④ 동생은 책을 소중히 여깁니다.

　➡ ____

⑤ 만화와 같은 재미있는 책은 없습니까?

➡ ______________________________

6. 잘 듣고 받아 적으세요.

① ______________________________

② ______________________________

③ ______________________________

④ ______________________________

⑤ ______________________________

急ぐ	いそぐ	서두르다	注意する	ちゅういする	주의하다
運転する	うんてんする	운전하다	バイク		오토바이
気をつける	きをつける	조심하다	降りる	おりる	내리다
育てる	そだてる	키우다	分りやすい	わかりやすい	알기 쉽다
しんけんに		진지하게	変える	かえる	바꾸다
最後	さいご	끝, 마지막	ドラマ		드라마
支度	したく	준비	冷蔵庫	れいぞうこ	냉장고
入れる	いれる	넣다	一生懸命	いっしょうけんめい	열심히
暖かい	あたたかい	따뜻하다	習う	ならう	배우다, 익히다
英字新聞	えいじしんぶん	영자신문			

野田　金さん、こんにちは。

金　　あら、野田さん、こんにちは。おひさしぶり。

　　　授業だったんですか。

野田　ええ、韓国語の授業が終わったばかりです。

金　　どうですか、勉強のほうは。

野田　なかなか難しいです。もう三ヶ月になるのに、

　　　あまりうまくなりません。

金　　そんなことないですよ。かなりうまくなりましたよ。

野田　ありがとうございます。

金　　そうだ、ちょうどよかった。

　　　これから本屋に行こうと思いますが、いっしょに行きませんか。

野田　いいですよ。本屋では何か。

金　　来週から友達と勉強会をします。日本語の小説をいっしょに

　　　読もうと思っているんですが、いい本を選んでください。

語彙				
おひさしぶり		오래간만	なかなか	꽤, 좀처럼
のに	～하는데도, ～함에도 불구하고		かなり	꽤, 상당히
ちょうど		마침	本屋　ほんや	서점
小説　しょうせつ		소설	選ぶ　えらぶ	고르다

싱글벙글
にこにこ

방긋
にこっ

훌쩍훌쩍
しくしく

훌짝훌짝
めそめそ

골내는 모양
かんかん

성난 모양
ぷりぷり

뽀로퉁한 모양
ぷんぷん

깜짝 놀라는 모양
びっくり

풀이 죽은 모양
しょんぼり

第5課　単語テスト

名前

01

02

03

04

05

06

07

08

09

10

11

12

13

14

15

16

17

18

19

20

韓国料理が作れます

ポイント

1. 가능표현
2. ～しか
3. ～なら

韓国料理が作れます

우에노씨는 한국음식을 만들 수 있습니다. 나카다
씨와 함께 된장찌개에 도전해 볼 예정입니다.

中田　上野さんは普段料理をするんですか。

上野　ええ、簡単なものなら、出来ます。

中田　どんなものが作れますか。

上野　ちょっとした韓国料理ブームでしょう。

　　　韓国風のチゲナベくらいなら、なんとか出来ると思います。

中田　すごいですね。私も何か一つ習いたいです。

上野　大したものは出来ません。キムチチゲくらいですよ。

中田　そうですか。上野さんは辛いものは食べられますか。

上野　わりと食べられます。

　　　辛いものがだめなら、みそチゲも美味しいですよ。

　　　日本のみそとは少し味が違いますけど。

中田　そうですか。みそチゲの作り方、教えてください。

上野　私も作るのは初めてですが、一緒に作ってみましょう。

中田　料理なんて、はじめてのチャレンジです。

　　　わくわくしてきました。

語彙				
普段	ふだん	평소	料理 りょうり	요리
簡単だ	かんたんだ	간단하다	出来る できる	가능하다, 할 수 있다
作る	つくる	만들다	ちょっとした	소소한
ブーム		붐	韓国風 かんこくふう	한국식
チゲナベ		찌개요리	なんとか	어떻게든
大した	たいした	대단한	キムチチゲ	김치찌개
辛い	からい	맵다	わりと	비교적
みそチゲ		된장찌개	味 あじ	맛
違う	ちがう	다르다	作り方 つくりかた	만드는 법
教える	おしえる	가르치다	チャレンジ	도전
わくわくする		두근두근하다, 설레다		

1　가능표현

❶ 가능동사

5단동사는 어미를 「え」단으로 바꾼 후 「る」를 붙이고, 1단동사는 어간에 「られる」를 결합시켜 가능동사를 만든다.

書く	⇒ かける		読む	⇒ よめる
話す	⇒ はなせる		遊ぶ	⇒ あそべる
食べる	⇒ たべられる		起きる	⇒ おきられる
来る	⇒ こられる		*する	⇒ できる

英語の本が読める。	영어 책을 읽을 수 있다.
すしが食べられる。	초밥을 먹을 수 있다.
明日は8時まで来られる。	내일은 8시까지 올 수 있다.

❷ 동사의 기본형 + 「ことができる」

동사의 기본형에 「ことができる」를 접속하여 가능의 뜻을 표현할 수 있다.

いつでも帰ることができる。	언제든지 돌아갈 수 있다.
車を運転することができる。	차를 운전할 수 있다.
三時間続けて勉強することができる。	세 시간 계속해서 공부할 수 있다.

동작성의 의미를 지닌 명사는 축약형태의 가능표현이 가능하다.

車の運転ができる。 차를 운전할 수 있다.

三時間続けて勉強ができる。 세 시간 계속해서 공부할 수 있다.

❸ 가능동사문의 조사

가능동사 앞에서는 조사 「を」를 「が」로 바꿔 써야 한다. 그러나 「동사의 기본형 + ことができる」 표현은 이에 해당되지 않는다.

カタカナが読めます。 가타카나를 읽을 수 있습니다.

スペイン語が話せます。 스페인어를 할 수 있습니다.

レモンを食べることができます。 레몬을 먹을 수 있습니다.

お酒を飲むことができます。 술을 마실 수 있습니다.

❹ 축약형 가능동사

1단동사와 「来る」는 「어간 + られる」형을 축약하여 「어간 + れる」형으로 사용하는 일이 있다. 다른 동사의 경우도 회화체에서 축약형이 쓰이는 일이 있다.

明日は来れません。 내일은 올 수 없습니다.

辛いものが食べれます。 매운 것을 먹을 수 있습니다.

朝六時にも起きれます。 아침 6시에도 일어날 수 있습니다.

2 ～しか

문말의 부정표현과 호응하여 '～밖에'라는 의미를 나타낸다.

バナナが二本しかない。 바나나가 두 개 밖에 없다.

みそチゲしか作れません。 된장찌개 밖에 못 만듭니다.

簡単な会話しかできません。 간단한 회화 밖에 못 합니다.

앞 문맥을 받아서 '～이라면'이라는 조건표현을 만든다.

ビビンバなら、作れます。	비빔밥이라면 만들 수 있습니다.
運転なら、出来ます。	운전이라면 할 수 있습니다.
さしみなら、食べられます。	회라면 먹을 수 있습니다.

어휘

すし	초밥	続ける　つづける	계속하다
簡単だ　かんたんだ	간단하다	ビビンバ	비빔밥

1. 다음 동사의 가능형과 그 활용형을 만드세요.

기본동사	가능형	정중형	부정형	과거형
話す	はなせる	はなせます	はなせない	はなせた
起きる				
入る				
考える				
帰る				
引く				
習う				
出す				
立つ				
話し合う				

보기

英語の新聞を読む。

➡ 英語の新聞が読める。
　英語の新聞を読むことができる。

① 朝六時に起きる。

➡ ____

____

② 辛いものを食べる。

➡ ____

____

③ お酒を飲む。

➡ ____

____

④ 六時まで家に帰る。

➡ ____

____

⑤ 日本料理を作る。

➡ ____

____

3. 보기와 같이 가능표현을 바꾸세요.

> 보기
>
> 彼は辛いものが食べられます。
>
> ➡ 彼は辛いものを食べることができます。

① 山田さんはフランス語が読めます。

➡ ____

② 上手に歌が歌えます。

➡ ____

③ 母は英語が話せます。

➡ ____

④ 速く走れます。

➡ ____

⑤ みんなの名前が覚えられます。

➡ ____

4. 보기와 같이 문장을 바꾸세요.

> 英語が話せる。
>
> ➡ 英語なら、話せる。

① カタカナが書ける。

➡ ______________________________

② お酒が飲める。

➡ ______________________________

③ 車の運転ができる。

➡ ______________________________

④ みそチゲが食べられる。

➡ ______________________________

⑤ カタカナが読める。

➡ ______________________________

5. 일본어로 작문하세요.

① 그는 일본 노래를 부를 수 있습니다.

➡ ______________________________

② 엄마는 맛있는 중국요리를 만들 수 있습니다.

➡ ____

③ 형은 스페인어를 할 수 있습니다.

➡ ____

④ 생선회를 먹을 수 없는 사람도 있습니다.

➡ ____

⑤ 내 여동생은 오래 달릴 수 없습니다.

➡ ____

6. 잘 듣고 받아 적으세요.

① ____

② ____

③ ____

④ ____

⑤ ____

| 入る | はいる | 들어가다 | 歌う | うたう | 노래하다 |
| 名前 | なまえ | 이름 | 覚える | おぼえる | 외우다 |

会話

吉田　木村さん、ピアノ、弾けますよね。

木村　ええ、少し弾けますが。

吉田　十月に合唱大会があるんですが、その時、ピアノを担当する

　　　人が必要なんです。

木村　そうなんですか。

吉田　お願いできませんか。

木村　ええ？　私、人の前で引いたこと、ないんです。

吉田　木村さんなら、大丈夫だと思います。

木村　無理ですよ。私、そんなところでは、あがってしまうんで。

吉田　そんなこと言わないで。お願いします。

木村　分かりました。自信はありませんが、やってみます。

　　　よろしくお願いします。

吉田　ああ、よかった。ありがとうございます。

語彙					
弾く	ひく	(피아노를)치다	合唱	がっしょう	합창
大会	たいかい	대회	担当する	たんとうする	담당하다
無理だ	むりだ	무리다	あがる		긴장하다
自信	じしん	자신			

	1월1일 元旦_{がんたん} 정월초하루		7월 셋째 월요일 海の日 바다의 날
	1월 둘째 월요일 成人の日 성인의 날		9월 셋째 월요일 敬老の日 경로의 날
	2월11일 建國記念日 건국기념일		9월 23일 경 秋分の日 추분
	3월21일 경 春分の日 춘분		10월 둘째 월요일 体育の日 체육의 날
	4월 29일 緑の日 녹색의 날		11월 3일 文化の日 문화의 날
	5월 3일 憲法記念日 헌법기념일		11월 23일 勤勞感謝の日 근로감사의 날
	5월 5일 子供の日 어린이날		12월 23일 天皇誕生日 천황탄생일

* 春分の日　자연을 찬양하고 생물을 사랑하는 날.

* 緑の日　昭和_{しょうわ}천황의 생일.

* 海の日　원래는 7월에 휴일이 없어서 휴일로 정한 것인데 바다의 은혜에
　　　　　감사하고 해양국 일본의 번영을 기원하는 날. 1996년부터 시행.

* 秋分の日　선조를 공양하고 죽은 사람을 추모하는 날.

* 文化の日　明治_{めいじ}천황의 탄생기념일. 문화헌법의 의미를 기념하는 날.

MEMO

第6課　単語テスト

名前

01

02

03

04

05

06

07

08

09

10

11

12

13

14

15

16

17

18

19

20

제7과

雨が降り出しそうです

ポイント

1. 전문의 そうだ
2. 추정표현
3. 〜と言う
4. 〜と

雨が降り出しそうです

기무라씨와 다나카씨가 일기예보에 관해 이야기
하고 있습니다.

田中　木村さん、今日の天気予報は見ましたか。

木村　はい、昨日のニュースで見ました。

　　　夕方から大雨になるそうです。

田中　空を見ると、すぐにでも降り出しそうですよ。

木村　雨も降るそうですが、風も強く吹くおそれがあるので、

　　　気をつけるようにと。

田中　風も吹くと言っていましたか。

　　　今日は早く帰った方がよさそうですね。

木村　そうですね。仕事を早めに片付けましょう。

田中　そういえば、吉田君が入院したそうですね。

木村　ええ、昨日お見舞いに行ってきました。

田中　どんな様子でしたか。

木村　食べ物にあたったらしいです。熱も出したそうですよ。

　　　元気がなかったので、どうも吉田君らしくなかったです。

田中　かわいそうに。

木村　でも、今朝行ってきた友達の話によると、だいぶよくなった

　　　そうです。

田中　それはよかったですね。

어휘					
天気予報	てんきよほう	일기예보	夕方	ゆうがた	저녁 때
大雨	おおあめ	강한 비	空	そら	하늘
すぐにでも		금방이라도	降り出す	ふりだす	내리기 시작하다
風	かぜ	바람	吹く	ふく	불다
おそれ		우려	仕事	しごと	일
早め	はやめ	일찍이	お見舞い	おみまい	병문안
様子	ようす	모습	片付ける	かたづける	정리하다
入院	にゅういん	입원	熱を出す	ねつをだす	열이 나다
どうも		아무래도	だいぶ		훨씬
食べ物にあたる	たべものにあたる	음식물에 탈이 나다			

1　전문의 そうだ

어떤 정보를 듣고 전달하는 표현으로 '~라고 한다'라고 해석된다.

> 동사, い형용사, な형용사, 명사의 종지형태 + そうだ

彼もパーティーに来るそうです。　　그 사람도 파티에 온다고 합니다.

昨日の映画はおもしろかったそうです。　어제 본 영화는 재미있었다고 합니다.

山の中は静かだそうです。　　　　산 속은 조용하다고 합니다.

2　추정표현

　일상의 언어생활에서 어떤 일에 대해서 추측하거나 추정하여 말하는 일이 많다. 「だろう・でしょう」와 같이 객관적인 사실에 대해 단순히 주관적으로 추측하는 표현도 있고, 「そうだ」, 「ようだ」, 「らしい」, 「みたいだ」와 같이 상황에 의한 객관적인 근거나 정보에 의거하여 추정하는 표현도 있다. 이 표현들은 추정하는 사태의 확실성 여부와 사용되는 언어가 문어체인가 구어체인가에 따라 선택적으로 사용하여야 한다.

❶ そうだ

　시각적 정보를 근거로 추정하는 경우에 쓰인다. 따라서 양태(樣態)의 의미를 나타내거나 발화시점으로부터 금방 일어날 것 같은 사태를 추정할 때 쓰인다.

동사의 ます형 + そうだ

い형용사, な형용사 어간 + そうだ

단, いい(よい) → よさそうだ, ない → なさそうだ

会議はもうすぐ終わりそうです。 회의는 이제 곧 끝날 것 같습니다.

このメロンはとてもおいしそうですね。 이 메론은 매우 맛있을 것 같네요.

彼は営業マンではなさそうです。 그는 영업사원이 아닌 것 같습니다.

頭のよさそうな子供ですね。 영리해 보이는 아이네요.

❷ ようだ

시각적 정보에 국한되지 않고 화자가 수집한 다양한 루트의 정보를 근거로 추정할 때 쓰인다.

동사, い형용사, な형용사의 연체형 + ようだ

명사 + の + ようだ

熱があるようです。 열이 있는 것 같습니다.

去年の夏より暑いようです。 작년 여름보다 더운 것 같습니다.

花子さんのことが好きなようです。 하나꼬씨를 좋아하는 것 같습니다.

外は雨のようです。 밖은 비가 오는 것 같습니다.

「ようだ」의 다른 용법으로 비유 용법이 있다.

まるで子犬のようだ。 마치 강아지 같다.

子供のようにかわいい。 어린 아이처럼 귀엽다.

❸ らしい

화자가 직접 수집한 정보에 의한 추정이 아니고, 다른 사람을 통해서 들은 정보를 근거로 추정하는 경우에 쓰인다. 「ようだ」와는 달리 화자가 직접 관여하고 있지 않음을 나타내기도 하며, 정보를 전하는 표현과 비슷한 뉘앙스를 띠기도 한다.

> 동사, い형용사, 조동사의 종지형태 ＋ らしい
>
> な형용사 어간 혹은 である ＋ らしい
>
> 명사는 직접 혹은 である ＋ らしい

あんなに泣くなんて、よっぽど悲しいらしい。
　　　　　　　　　　　　　　　저렇게 울다니 굉장히 슬픈 것 같다.

明日は寒いらしい。　　　　　　내일은 추울 것 같다. (춥다고 한다)

部屋は静からしいです。　　　　방은 조용하다고 합니다.

또 「らしい」의 다른 용법으로, 앞에 오는 명사의 성질에 합당하다는 의미를 나타내기도 한다.

学生らしい。　　　　　　　　　학생답다.

人間らしく生きる。　　　　　　인간답게 살다.

❹ みたいだ

「ようだ」와 비슷하지만 주로 구어체에 사용된다. 추량뿐만 아니라 비유적인 의미로도 자주 사용된다.

> 동사, い형용사, な형용사의 연체형 ＋ みたいだ
>
> 명사 ＋ みたいだ

誰か来たみたいです。　　　　　　　　누군가 온 것 같습니다.

先生のお言葉がうれしかったみたいです。

　　　　　　　　선생님의 말씀(을 듣고)이 기뻤던 것 같습니다.

3 ～と言う

인용표현을 나타낸다.

雨が降ると言っている。　　　　　　비가 온다고 한다.

風も吹くと言う。　　　　　　　　　바람도 분다고 한다.

4 ～と

동사나 형용사의 종지형에 접속하여 조건표현을 만든다.

明日になると、晴れるでしょう。　　　내일이 되면 개이겠지요.

休みになると、実家に帰ります。　　　방학이 되면 고향집에 돌아갑니다.

어휘					
会議	かいぎ	회의	営業マン	えいぎょうマン	영업사원
頭	あたま	머리	去年	きょねん	작년
子犬	こいぬ	강아지	よっぽど		굉장히
寒い	さむい	춥다	人間	にんげん	인간
生きる	いきる	살아가다	誰	だれ	누구
お言葉	おことば	말씀	晴れる	はれる	개다
実家	じっか	고향집			

1. 보기와 같이 「そうだ」를 사용하여, 정보를 전하는 표현과 추정 표현으로 바꾸세요.

보기

授業に遅れる。
　　➡　授業に遅れるそうです。　　（전문）
　　　　授業に遅れそうです。　　　（추정）

❶ このりんごは甘くない。

➡ ________________________________

____

❷ 彼女は性格がいいです。

➡ ________________________________

____

❸ 山田君はまじめに勉強します。

➡ ________________________________

____

❹ 金さんは映画が好きです。

➡ ________________________________

____

5 先生のお子さんは元気です。

➡

---

2. 보기와 같이 지시에 따라 문장을 바꾸고 해석하세요.

> 보기
>
> 北海道は寒い。(そうだ)
> ➡ 北海道は寒そうです。
> 　　북해도는 추울것 같습니다.

1 私の部屋よりずっと広い。(ようだ)

➡

---

2 スミスさんはアメリカへ帰る。(らしい)

➡

---

3 田村さんは今日うれしいことがあった。(みたいだ)

➡

---

4 学校までバスで一時間はかかる。(そうだ)

➡

⑤ 田中さんはテニスが下手です。（ようだ）

➡ ________________________________

____

⑥ どうやら道に迷った。（らしい）

➡ ________________________________

____

⑦ この家はおばけが出る。（そうだ）

➡ ________________________________

____

⑧ 新入生も参加します。（みたいだ）

➡ ________________________________

____

⑨ あの建物はお寺でした。（ようだ）

➡ ________________________________

____

⑩ このスープは辛いです。（そうだ）

➡ ________________________________

____

3. 보기와 같이 문장을 바꾸세요.

夕方になる。雪が降る。
➡ 夕方になると、雪が降るようです。
　　夕方になると、雪が降ると言う。

❶ カレーにミルクを入れる。おいしくなる。

➡ _______________________________

____

❷ この薬を飲む。よくなる。

➡ _______________________________

____

❸ 漢字を覚える。上手になる。

➡ _______________________________

____

❹ このボタンを押す。窓が閉まる。

➡ _______________________________

____

❺ 新しいボールペンで書く。キレイに書ける。

➡ _______________________________

____

보기

明日は天気になるみたいだ。

➡ 明日は天気になるようです。
明日は天気になりそうです。

❶ 暑くなるみたいだ。

➡ _______________________________

____

❷ 風が吹くみたいだ。

➡ _______________________________

____

❸ 台風が来るみたいだ。

➡ _______________________________

____

❹ 夜は静かになるみたいだ。

➡ _______________________________

____

⑤ もうすぐ終わるみたいだ。

　➡ ______________________________

　______________________________

❶ 이번 겨울은 따뜻하답니다.

　➡ ______________________________

❷ 저 일본요리는 맛이 없을 것 같습니다.(そうだ)

　➡ ______________________________

❸ 무언가 사고가 있었던 것 같습니다.(ようだ)

　➡ ______________________________

❹ 스미스씨는 돌아간 것 같습니다.(らしい)

　➡ ______________________________

❺ 좀 더 학생답게 이야기해 주세요.

　➡ ______________________________

1.

2.

3.

4.

5.

어휘					
性格	せいかく	성격	ずっと		훨씬
迷う	まよう	헤매다	おばけ		귀신
新入生	しんにゅうせい	신입생	参加	さんか	참가
建物	たてもの	건물	お寺	おてら	절
薬	くすり	약	漢字	かんじ	한자
ボタン		버튼	押す	おす	누르다
閉まる	しまる	닫히다	暑い	あつい	덥다
台風	たいふう	태풍			

会話

高田　小川さん、おはようございます。

　　　さっき、金さんに会ったんですが、元気がなさそうでしたよ。

小川　風邪をひいたらしいです。

高田　熱もあるようです。

小川　昨夜、急に雨が降り出したでしょう。

　　　傘を持っていなかったみたいです。

高田　かわいそうに。それで風邪をひいてしまったんですね。

　　　金さんは今どこですか。

小川　休憩室で休んでいるようです。

高田　じゃ、金さんを呼んで、温かいものでも食べに行きましょうか。

小川　それがいいですね。

語彙					
風邪をひく	かぜをひく	감기걸리다	昨夜	さくや	어젯밤
急に	きゅうに	갑자기	休憩室	きゅうけいしつ	휴게실
呼ぶ	よぶ	부르다	温かい	あたたかい	따뜻하다

일본이나 우리나라나 휴대전화는 없어서는 안 될 필수품이 되었다. 휴대전화와 관련한 일본어 표현을 몇 가지 알아보고 일상생활에서 활용해 보기로 한다.

- (携帯)メール 　　　　휴대전화 메일

　　　　　　　　　　　(한국에서는 단문 문자 메시지를 주고받는데 비해, 일본에서는 장문 이메일이 일반적이다.)

- (携帯)メールアドレス　휴대전화 메일주소

- メールする　　　　　메일을 보내다

- メールを打つ　　　　메일을 입력하다(쓰다)

- 迷惑メール　　　　　스팸메일

- 機種変(機種変更)　　기기변경

- 待ち受け画面　　　　대기화면

- 着メロ(着信メロディ)　벨소리

- 圏外　　　　　　　　통화권이탈

- 話し中　　　　　　　통화중

- つながらない　　　　통화 연결이 안 되다

- 携帯が鳴る　　　　　휴대전화가 울리다

- 携帯に出る　　　　　휴대전화를 받다

第7課　単語テスト

01   02

03   04

05   06

07   08

09   10

11   12

13   14

15   16

17   18

19   20

自転車を盗まれました

ポイント

1. 수동표현
2. 수동문의 조사
3. ～たら
4. ～によると

제8과

自転車を盗まれました

사토미는 슈퍼마켓 앞에 세워 둔 자전거를 잃어버렸습니다.

さとみ　昨日、学校の帰りにスーパーに寄ったんですね。

買い物が終わって外へ出たら、自転車がないんです。

ももこ　え？　盗まれたんですか。

さとみ　そうなんです。

すぐ戻るつもりで、カギをかけなかったのがこんなことに。

ももこ　まだ、買ったばかりじゃありませんか。

登録ナンバーがあるから、交番に届けたらどうですか。

さとみ　見つかるでしょうか。

ももこ　きっと見つかりますよ。

****

さとみ　ももこさん、いい知らせがあります。

ももこ　なんですか。あ、そうだ。自転車、見つかったんですね。

さとみ　はい。

ももこ　よかったですね。どこにあったんでしょう。

さとみ　お巡りさんによると、駅前に乗り捨てられていたそうです。

ももこ　へえ。最近、乗り捨てが増えてきたとは聞きましたが、

さとみさんがそんなことをされるとは。

さとみ　ですよね。運が悪いというか。

でも、よかったです。母に叱られずに済みますから。

어휘				
盗む	ぬすむ	훔치다	カギをかける	자물쇠를 채우다
登録	とうろく	등록	ナンバー	넘버
交番	こうばん	파출소	届ける　とどける	신고하다, 배달하다
見つかる	みつかる	발견되다	知らせ　しらせ	소식
お巡りさん	おまわりさん	경찰	乗り捨てる　のりすてる	타고 가서 버리다
最近	さいきん	최근	増える　ふえる	증가하다, 늘다
運が悪い	うんがわるい	운이 나쁘다	叱る　しかる	혼내다, 야단치다
済む	すむ	끝나다, 해결되다		

1 수동표현

　수동표현은 행위를 당한 사람 또는 사물을 주어로 하는 표현을 말한다. 일본어에는 한국어와는 다른 형태의 수동문도 존재할 뿐만 아니라 수동문의 사용빈도가 높기 때문에 잘 이해하고 활용할 수 있도록 해야 한다.

수동형 만들기

5단동사	言う 読む	いわれる よまれる	書く 降る	かかれる ふられる
1단동사	見る 借りる	みられる かりられる	食べる ほめる	たべられる ほめられる
불규칙동사	来る	こられる	する	される

수동문의 특징

① 능동문의 목적어(행위의 대상)가 주어 자리에 온다.
② 능동문의 주어는 주로 조사 「に」를 취하면서 주어 자리를 물려준다.
③ 동사가 수동형으로 바뀐다.

수동문의 종류

❶ 직접수동문

수동문은 능동문에서 만들어지는데 다음과 같이 나타낼 수 있다.

$$先生が\ 花子を\ 叱る。$$
$$\Downarrow$$
$$\Rightarrow 花子が\ 先生に\ 叱られる。$$

金先生は学生たちに尊敬される。　　　김선생님은 학생들에게 존경받는다.
僕は先生にほめられました。　　　　　나는 선생님께 칭찬받았습니다.

❷ 소유자수동문

능동문의 동작의 대상이 신체부분 혹은 소유물인 경우, 그 대상을 주어로 하지 않고 그 소유자를 주어로 하는 형태의 문장을 말한다.

$$友達が\ (私の)\ 手紙を\ 読んだ。$$
$$\Downarrow$$
$$\Rightarrow 私は\ 友達に\ 手紙を\ 読まれた。$$

子供が犬に指をかまれた。　　　　　　아이가 개에게 손가락을 물렸다.
私はどろぼうに自転車を盗まれた。　　나는 도둑에게 자전거를 도둑맞았다.

❸ 간접수동문

일본어 특유의 수동문의 형태이며, 대응하는 능동문은 있으나 능동문의 목적어가 주어가 되지 않고 새로운 주어가 도입된다. 간접수동문은 '주어가 피해를 입었다'고 하는 의미가 포함되는 경우가 많다.

$$子供が\ 泣いた。$$
$$\Downarrow$$
$$\Rightarrow (私は)\ 子供に\ 泣かれた。$$

夜遅く人に訪ねて来られた。　　　밤늦게 사람이 찾아 와서 곤란했다.

雨に降られた。　　　　　　　　　비를 맞았다.

2 수동문의 행위자를 나타내는 조사

능동문에서의 주어, 즉 행위자는 수동문에서 주어가 되지 못하고 다른 격조사를 취하게 되는데, 주로 「に」로 표시하지만 이외에도 「によって」와 「から」로 나타낼 수도 있다.

❶ に

수동문에서의 행위자는 주로 「に」로 나타낸다.

事故で弟に死なれた。　　　　　　(나는)사고로 동생이 죽어서 슬펐다.

金君は先生にほめられた。　　　　김군은 선생님에게 칭찬받았다.

❷ から

「に」와 바꾸어 쓸 수 있는 경우도 있고, 반드시 「から」를 써야 하는 경우도 있다.

弟は兄から英語を教えられた。　　동생은 형에게 영어를 가르쳐 받았다.

いい知らせが先生から伝えられた。　좋은 소식이 선생님으로부터 전해졌다.

❸ によって

행위의 결과로 무언가가 새로 만들어지거나 소멸되는 경우, 그 행위자는 「によって」로 나타낸다.

この小説はヘッセによって書かれた。　이 소설은 헤르만 헤세에 의해 쓰여졌다.

この建物はガウディによって建てられた。

　　　　　　　　　　　　　　이 건물은 가우디에 의해서 지어졌다.

〜たら

조건절을 만드는 형태로 '〜하면' 또는 '〜했더니'라는 뜻을 나타낸다.

お母さんに言ったら、どうですか。　어머니께 말씀드리는 게 어때요?

一日待ったら、戻ってきました。　하루 기다렸더니 돌아왔습니다.

4　〜によると

'〜에 의하면'이라는 뜻을 나타낸다.

ニュースによると、明日は雪だそうだ。

　　　　　　　　　뉴스에 의하면 내일은 눈이 온다고 한다.

彼によると、先生はアメリカへ帰るそうだ。

　　　　그 사람 말에 의하면 선생님은 미국으로 돌아가신다고 한다.

어휘					
借りる	かりる	빌리다	尊敬する	そんけいする	존경하다
指	ゆび	손가락	かむ		물다
訪ねる	たずねる	방문하다	事故	じこ	사고
建てる	たてる	짓다			

 1. 다음 동사들을 보기와 같이 수동형으로 만드세요.

> 보기
>
> 話す　➡　はなされる
> 見る　➡　みられる

1 笑う　➡ ________________________

2 なぐる　➡ ________________________

3 入る　➡ ________________________

4 食べる　➡ ________________________

5 出す　➡ ________________________

6 来る　➡ ________________________

7 歌う　➡ ________________________

8 研究する　➡ ________________________

9 ぬすむ　➡ ________________________

10 うわさする　➡ ________________________

보기

太郎が次郎をなぐった。
➡ 次郎が太郎になぐられた。
지로는 타로에게 맞았다.

1 犬が田中君をかんだ。

➡

2 ドアのカギをこわした。

➡

3 生徒が先生を尊敬している。

➡

4 どろぼうが鈴木さんの時計を盗んだ。

➡

5 隣の家が高い建物を建てました。

➡ ____

____

3. 보기와 같이 수동문을 해석하고 능동문으로 바꾸세요.

> 보기
>
> 次郎が太郎になぐられた。
> ➡ 지로가 타로에게 맞았다.
> 太郎が次郎をなぐった。

1 彼はみんなから信頼されている。

➡ ____

____

2 私は姉から買い物を頼まれた。

➡ ____

____

3 この本は吉本バナナによって書かれた。

➡ ____

____

4 スリに財布をとられた。

➡ ＿＿＿＿＿＿＿＿＿＿＿＿＿＿＿＿＿＿＿＿＿＿＿

＿＿＿＿＿＿＿＿＿＿＿＿＿＿＿＿＿＿＿＿＿＿＿

5 人にドアを叩かれた。

➡ ＿＿＿＿＿＿＿＿＿＿＿＿＿＿＿＿＿＿＿＿＿＿＿

＿＿＿＿＿＿＿＿＿＿＿＿＿＿＿＿＿＿＿＿＿＿＿

4. 보기와 같이 문장을 바꾸세요.

> 보기
>
> 母に言う。① どうですか　② 叱る
> ➡ 母に言ったら、どうですか。
> 　　母に言ったら、叱られました。

1 大学に入る。① どうですか　② うらやましがる

➡ ＿＿＿＿＿＿＿＿＿＿＿＿＿＿＿＿＿＿＿＿＿＿＿

＿＿＿＿＿＿＿＿＿＿＿＿＿＿＿＿＿＿＿＿＿＿＿

2 漢字を覚える。① どうですか　② ほめる

➡ ＿＿＿＿＿＿＿＿＿＿＿＿＿＿＿＿＿＿＿＿＿＿＿

＿＿＿＿＿＿＿＿＿＿＿＿＿＿＿＿＿＿＿＿＿＿＿

❸ プレゼントする。① どうですか　② 喜ぶ

➡ ____

____

❹ 歌を歌う。① どうですか　② いやがる

➡ ____

____

❺ あの子を呼ぶ。① どうですか　② 泣く

➡ ____

____

5. 일본어로 작문하세요.

❶ 선생님께 칭찬받아서 기쁩니다.

➡ ____

❷ 옆집 아이가 울어서 곤란했습니다.

➡ ____

❸ 도둑한테 지갑을 도둑맞았습니다.

➡ ____

❹ 동생이 형에게 혼이 나서 울고 있습니다.

  ➡ ____

❺ 친구에게 말했더니 기뻐했습니다. (수동문)

  ➡ ____

6. 잘 듣고 받아 적으세요.

❶ ____

❷ ____

❸ ____

❹ ____

❺ ____

어휘				
なぐる		때리다	出す	だす	내다
研究する	けんきゅうする	연구하다	こわす		깨뜨리다, 부수다
時計	とけい	시계	隣	となり	옆, 이웃
信頼する	しんらいする	신뢰하다	スリ		소매치기
とる		빼앗다	叩く	たたく	두드리다
うらやましがる		부러워하다	喜ぶ	よろこぶ	기뻐하다
いやがる		싫어하다			

会話

水野　あの絵も、ピカソによって描かれたそうです。

青木　そうですか。知りませんでした。

水野　よく知られているピカソの作品とは、違うタイプの
絵ですからね。

青木　まったくそのとおりです。ピカソにああいうデッサンがある
とは、驚きです。

水野　ああいう段階をへて、だんだんと自分なりの個性が出される
ようになったのでしょう。

青木　そうですね。

水野　このギャラリーは、いつ来ても、すばらしい作品が展示され
ているので、気に入っています。

어휘					
絵	え	그림	描く	かく, えがく	그리다
作品	さくひん	작품	タイプ		타입
まったく		완전히, 전혀	ああいう		저런
デッサン		데생	驚き	おどろき	놀람
段階	だんかい	단계	へる		경과하다
だんだん		점점	自分なりの	じぶんなりの	자기 나름대로의
個性	こせい	개성	ギャラリー		갤러리
すばらしい		훌륭하다	展示	てんじ	전시
気に入る	きにいる	마음에 들다			

조수사는 수를 나타내는 말에 접속하여 사물의 수량 또는 단위를 나타내는 접미사이다. 주로 대상물의 외견상의 특징에 따라 조수사의 종류가 결정된다.

足 そく　 : 구두, 양말 등
枚 まい　 : 종이, 우표, 셔츠, 손수건 등
冊 さつ　 : 책, 노트 등
匹 ひき　 : 개, 고양이, 벌레, 물고기 등 작은 짐승

	足 そく		枚 まい		冊 さつ		匹 ひき	
1	一足	いっそく	一枚	いちまい	一冊	いっさつ	一匹	いっぴき
2	二足	にそく	二枚	にまい	二冊	にさつ	二匹	にひき
3	三足	さんぞく	三枚	さんまい	三冊	さんさつ	三匹	さんびき
4	四足	よんそく	四枚	よんまい	四冊	よんさつ	四匹	よんひき
5	五足	ごそく	五枚	ごまい	五冊	ごさつ	五匹	ごひき
6	六足	ろくそく	六枚	ろくまい	六冊	ろくさつ	六匹	ろっぴき
7	七足	ななそく	七枚	ななまい	七冊	ななさつ	七匹	ななひき
8	八足	はっそく	八枚	はちまい	八冊	はっさつ	八匹	はっぴき
9	九足	きゅうそく	九枚	きゅうまい	九冊	きゅうさつ	九匹	きゅうひき
10	十足	じゅっそく じっそく	十枚	じゅうまい	十冊	じゅっさつ じっさつ	十匹	じゅっぴき じっぴき
何	何足	なんぞく	何枚	なんまい	何冊	なんさつ	何匹	なんびき

MEMO

第8課　単語テスト

名前

01

02

03

04

05

06

07

08

09

10

11

12

13

14

15

16

17

18

19

20

제9과

引っ越しを手伝ってくれました

引っ越しを手伝ってくれました

아오키씨가 마루야마씨의 이사를 도와주러 왔습니다.

丸山　青木さん、こちらです。

　　　早かったですね。お腹すいたでしょう。

青木　いいえ、朝ご飯、食べてきましたので。

　　　何でも言ってください。手伝ってあげます。

丸山　コーヒーでも飲んでから、始めましょうか。

　　　コーヒーなら入れられます。

青木　ずいぶん片づいていますね。

丸山　ええ、一週間前から少しずつ片づけはじめたので……。

青木　新しい部屋は広いですか。

丸山　ええ、本も増えてきたし、二部屋のアパートにしました。

青木　家賃が高いでしょう。

丸山　駅から少し遠くなるので、そんなに高くないです。

　　　足りない分は、両親に仕送りをしてもらうことにしました。

青木　そうですか。さて、大きい箱から運びましょうか。

丸山　ええ、お願いします。手伝ってくれるだけでありがたいのに、

　　　車も貸してくれて、ほんとうに助かります。

青木　いいえ。何か手伝えることがあれば、これからも呼んでもら

　　　いたいです。

お腹がすく	おなかがすく	배가 고프다	手伝う	てつだう	돕다
頼む	たのむ	부탁하다	片づく	かたづく	정리되다
片づける	かたづける	정리하다	増える	ふえる	늘어나다, 증가하다
二部屋	ふたへや	방이 두 개	家賃	やちん	월세
遠い	とおい	멀다	分	ぶん	~만큼
両親	りょうしん	부모님	仕送り	しおくり	보내주는 생활비
箱	はこ	상자	運ぶ	はこぶ	옮기다
貸す	かす	빌려주다	助かる	たすかる	도움이 되다

1 수수동사(授受動詞)

주거나 받는 행위를 나타내는 표현을 <授受表現>이라고 하고 여기에 사용되는 동사를 <授受動詞>라고 한다.

한국어의 수수표현은 '주다'와 '받다'로 모두 표현할 수 있지만, 일본어는 '주다'의 경우 화자에게 오는 방향의 행위는 「くれる」로 나타내고, 화자로부터 나가는 방향의 행위는 「あげる」로 나타낸다. 그리고 '받다'는 「もらう」로 나타낸다.

● あげる(주다)

> [화자나 화자의 가족] → あげる → [제삼자]
>
> [제삼자] → あげる → [제삼자]

私が子供におかしをあげました。　　내가 아이에게 과자를 주었습니다.

田中さんが木田さんに本をあげました。다나까씨가 기다씨에게 책을 주었습니다.

● くれる(주다)

> [화자나 화자의 가족] ← くれる ← [제삼자]

友達がプレゼントをくれました。　　친구가 선물을 주었습니다.

友達が弟におもちゃをくれました。　친구가 동생에게 장난감을 주었습니다.

• もらう(받다)

[받은 사람(が)]　←　もらう←　[준 사람 （に ・から）]

父からおこづかいをもらいました。　　아버지로부터 용돈을 받았습니다.
母からメールをもらいました。　　어머니에게 메일을 받았습니다.

「あげる・くれる・もらう」의　경어형태는「さしあげる・くださる・いただく」
이다.

先生にプレゼントをさしあげました。　　선생님께 선물을 드렸습니다.
先生が返事をくださいました。　　선생님이 답신을 주셨습니다.
先生にお手紙をいただきました。　　선생님께 편지를 받았습니다.

2　수수표현(授受表現)

동사에 보조동사가 붙어서 아래와 같이 수수표현을 만든다.

[화자나 화자의 가족]　→ てあげる　　　→ [제삼자]
　　　　　　　　　　　　　 てさしあげる

[제삼자]　→ てあげる　　　→ [제삼자]
　　　　　　　 てさしあげる

子供に絵本を読んであげます。　　　　아이에게 그림책을 읽어줍니다.
おばあさんに新聞を読んでさしあげました。

　　　　　　　　　　할머니께 신문을 읽어 드렸습니다.

[화자나 화자의 가족]　←　てくれる　　←　[제삼자]
　　　　　　　　　　　　　　てくださる

お店の人が道を教えてくれました。　　가게 점원이 길을 가르쳐 주었습니다.
部長がミスをゆるしてくださいました。　부장님이 실수를 용서해 주셨습니다.

[받은 사람(が)]　←　てもらう　←　[준 사람(に/から)]
　　　　　　　　　　　ていただく

お店の人に道を教えてもらいました。　가게 점원에게 길을 가르쳐 받았습니다.
部長にミスをゆるしていただきました。부장님께 실수를 용서해 받았습니다.

3 ～だけで

'～하는 것만으로'라는 표현이다.

手伝ってくれるだけで、うれしいです。　도와 주는 것만으로 기쁩니다.
少し休んだだけで、よくなりました。　　조금 쉰 것만으로 좋아졌습니다.

4 ～てもらいたい

　동사의 「～てもらう」표현에 희망을 나타내는 「たい」가 결합하여 만들어진 표현이다. 직역을 하면 '～에게 ～해 받고 싶다'인데 결국 '～가 ～해 주었으면 한다'라는 의미이다.

　社長に認めてもらいたい。

　　　사장님에게 인정해 받고 싶다. ⇒ 사장님이 인정해 주었으면 좋겠다.

先生にほめてもらいたい。

선생님에게 칭찬해 받고 싶다. ⇒ 선생님이 칭찬해 주셨으면 좋겠다.

5 　お～する

동사의 「ます형」 앞에 접두어 「お/ご」를 붙이고 「する」를 접속해서 겸양의 의미를 갖는 경어 형식을 만들 수 있다.

お手伝いする。	도와 드리다.
お読みする。	읽어 드리다.
ご相談する。	의논 드리다.

練習

1. 보기와 같이 수수표현으로 바꾸고 해석하세요.

> 私は弟の相談に乗った。
>
> ➡ 私は弟の相談に乗ってあげた。
> 나는 동생에게 상담을 해 주었다.

1 私は友達を一時間も待った。

➡ ____________________

____

2 いつも先輩がおごる。

➡ ____________________

____

3 彼女に花束を送る。

➡ ____________________

____

4 先生が弟をほめる。

➡ ____________________

____

⑤ 母がトムさんに車を貸す。

➡ _______________________________

____

2. 보기와 같이 바꿔보세요.

> 보기
> 私がおごります。
>
> ➡ 私がおごってあげたいです。

① 私がやります。

➡ _______________________________

② あなたに旅行の写真を見せます。

➡ _______________________________

③ 子供にかわいい服を着せます。

➡ _______________________________

④ 後輩にアドバイスをします。

➡ _______________________________

⑤ 食事の支度を手伝います。

➡ _______________________________

보기

部下にアドバイスをしてあげました。

➡ 部下がアドバイスをしてくれました。

友達が相談にのってくれました。

➡ 友達に相談にのってあげました。

① 友達の悩みを聞いてあげました。

➡ 友達が ______________________________

② 姉がお見舞いに寄ってくれました。

➡ 姉の ______________________________

③ 母の迎えに行ってあげました。

➡ 母が ______________________________

④ 社長がプレゼントをくださいました。

➡ 社長に ______________________________

⑤ 先生にコーヒーセットをあげました。

➡ 先生が ______________________________

 **4. 보기와 같이 「～てもらいたい」형으로 바꿔보세요.**

 보기

友達がほめてくれる。

➡ 友達にほめてもらいたいです。

1 スミスさんがもう一度考えてくれる。

➡ ____

2 家族が喜んでくれる。

➡ ____

3 友達が優しくしてくれる。

➡ ____

4 先輩が教えてくれる。

➡ ____

5 妹がりっぱになってくれる。

➡ ____

보기

メールを送る。

➡ メールをお送りします。

① すぐに答える。

➡

② お客さんを待つ。

➡

③ 社長を呼ぶ。

➡

④ 本当のことを話す。

➡

⑤ 挨拶の言葉を読む。

➡

6. 일본어로 작문하세요.

① 뭐든지 상담에 응해 줍니다.

➡

② 스미스씨는 친구에게 생일선물을 받았다.

➜ ____

③ 30분은 기다려 주었으면 좋겠다.

➜ ____

④ 남자친구가 내 여동생에게 케이크를 사주었다.

➜ ____

⑤ 선생님께 칭찬을 들었습니다.

➜ ____

7. 잘 듣고 받아 적으세요.

① ____

② ____

③ ____

④ ____

⑤ ____

先輩	せんぱい	선배	おごる		(돈을)내다
花束	はなたば	꽃다발	送る	おくる	보내다
貸す	かす	빌려주다	かわりに		대신에
写真	しゃしん	사진	見せる	みせる	보이다
着せる	きせる	입히다	後輩	こうはい	후배
悩み	なやみ	고민	迎え	むかえ	마중
喜ぶ	よろこぶ	기뻐하다	りっぱだ		훌륭하다
すぐに		곧바로	挨拶	あいさつ	인사
言葉	ことば	말			

会話

池田　坂本さん、私、今月で会社をやめるんです。

坂本　へえ、そうなんですか。ご結婚されるんですか。

池田　いいえ、新しい仕事をしようと思いまして。

坂本　転職ですか。

池田　いいえ、お店を開くんです。自分だけの店を持つこと、

　　　それが小さい頃からの夢でした。

坂本　一人でですか。資金がかなり要るでしょう。

池田　私、OL歴、十年ですもの。それくらいの用意はあります。

　　　それにとても小さい店ですから。

坂本　どんなお店ですか。

池田　実家の近くで、小さなお花屋さんをやるつもりです。

坂本　そうですか。頑張ってください。

어휘					
やめる		そま手두다	結婚される けっこんされる		결혼하시다
転職	てんしょく	전업	自分	じぶん	자기자신
夢	ゆめ	꿈	資金	しきん	자금
要る	いる	필요하다, 들다	用意	ようい	준비

　"관용구"란 '둘 이상의 단어 또는 어구가 항상 같은 순서와 형태로 어떤 특정한 의미를 니디내는 표현'이다. 「鼻が高い 우쭐해하다」「腕を磨く 실력을 연마하다」「肩をもつ 편을 들다」「腹が立つ 화가 나다」「骨をおる 애쓰다」와 같은 표현이 어기에 속한다.

　다음의 ❶ 은 직유표현을 사용한 관용표현으로 한국어와 일본어에서 동일하게 나타나는 관용표현이고, ❷ 는 동일한 의미를 나타내는데 어휘에 약간의 차이를 보이는 예이다.

❶

- 뜬구름 잡는 듯한　　　　　　　雲をつかむような
- 모기 소리 만한 (작은 소리)　　蚊のなくような(小さい声)
- 물을 끼얹는 듯한　　　　　　　水を打つような
- 벌집 쑤신 듯한　　　　　　　　蜂の巣をつついたような
- 지푸라기라도 잡는 심정　　　　わらにもすがる思い

❷

- 나쁜 일을 그만두다　손을 씻다　－　足を洗う(발을 씻다)
- 사교범위가 넓다　　발이 넓다　－　顔が広い(얼굴이 넓다)
- 면적이 좁다　　　　손바닥만한　－　猫の額ほどの(고양이 이마만한)
- 아주 적음　　　　　쥐꼬리　　　－　雀の涙(참새눈물)

MEMO

第9課　単語テスト

名前

01

02

03

04

05

06

07

08

09

10

11

12

13

14

15

16

17

18

19

20

少し考えさせてください

ポイント

1. 사역표현
2. ～ばかりで
3. ～てある

제10과

少し考えさせてください

유학 박람회장에서 스즈키씨가 노무라씨에게 겨울
방학에 중국에 함께 가자고 합니다

鈴木　もうすぐ冬休みだね。いっしょに中国へ行かない。

野村　そうだね。卒業したら留学したいし、その前に一度行ってみたいとは思っているんだけどね。

鈴木　何か、問題でもあるのか。

野村　両親が中国へ留学させてくれるかどうか、はっきりしないんだ。

鈴木　どういうこと。

野村　留学するなら、中国よりアメリカ、というのが両親の考えらしい。

鈴木　ふうん。でも、これからは中国の時代だろう。

野村　そうだろう。でも、うちの親は自分の意見を納得させようとするばかりで、僕の意見を聞こうとしないんだ。
それで、アメリカ留学のことは、少し考えさせてくださいって、言ってあるんだ。

鈴木　それは困ったな。

野村　行かせてもらえるように時間をかけて説得するしかないよ。

鈴木　そういえば、イベントホールで中国留学フェアが開かれているみたいだよ。いっしょにのぞいてみない。

野村　そうするか。留学のことはまだ時間があるから、じっくり考えることにしよう。

어휘				
冬休み	ふゆやすみ	겨울방학	卒業　そつぎょう	졸업
はっきりする		확실하다	これから	지금부터
時代	じだい	시대	親　おや	부모
意見	いけん	의견	納得する　なっとくする	납득하다
少し	すこし	조금	説得する　せっとくする	설득하다
開く	ひらく	열리다	イベントホール	이벤트 홀
フェア		전시회, 박람회	のぞく	들여다 보다, 엿보다

1　사역표현

　사역문은 사역주인 사람이 자기가 원하는 사태를 다른 사람으로 하여금 하게 하는 표현이다. 사역문과 관련해서는 동사의 사역형 만들기, 피사역자를 표시하는 격조사, 다양한 의미·용법 등을 이해해야 한다.

❶ 사역형 동사 만들기

　동사의 종류에 따라 기본형의 어간에 「(a)せる·させる」가 접속하여 사역동사를 만든다.

	기본형	사역형	해석
5단동사	行く 入る 思う	いかせる はいらせる おもわせる	가게 하다 들어가게 하다 생각하게 하다
1단동사	変える 見る	変えさせる みさせる	바꾸게 하다 보게 하다
불규칙동사	来る する	こさせる させる	오게 하다 하게 하다, 시키다

❷ 사역문 만들기

<타동사문>

花子が　皿を　洗う。
　↓　　　↓
⇒ 母が　　　花子に　皿を　洗わせる。
　사역주　　　피사역자

<자동사문>

花子が　　　歩く。
↓
⇒ 母が　　　花子を(に)　　　歩かせる。
사역주　　　피사역자

母が弟に荷物を運ばせた。　어머니가 동생에게 짐을 옮기게 했다.

先生が学生を走らせた。　선생님이 학생을 달리게 했다.

先生が学生に走らせた。　선생님이 학생에게 달리게 했다.

❸ 「を」사역문과 「に」사역문

자동사문의 사역문의 경우 피사역자에 「を」를 사용하느냐 「に」를 사용하느냐에 따라 의미의 차이가 발생한다.

⑴ 「を」사역문 : 강제적으로 어떠한 행위를 시킨다는 의미를 포함한다.

いやがる子供をプールで泳がせた。 싫다는 아이를 수영장에서 수영을 시켰다.

父が兄を空港まで迎えに来させた。 아버지가 형을 공항까지 마중 나오게 했다.

⑵ 「に」사역문 : 의지를 존중하면서 어떠한 행위를 하게 한다는 의미를 포함한다.

もっと遊びたがる子供に遊ばせておいた。

　　　　　　더 놀고 싶어 하는 아이에게 놀게 내버려 두었다.

父が兄に空港まで迎えに来させた。 아버지가 형에게 공항까지 마중 나오게 했다.

 ～ばかりで

'～할 뿐으로'라는 의미를 표현하는 말이다.

帰ろうとするばかりで、仕事にならない。

　　　　　　　　　　　　　　　　집에 가려고만 해서 일이 진척되지 않는다.

自分のことを言うばかりで、人の話を聞こうとしない。

　　　　　　　　　　　자기 말을 할 뿐이고 남의 이야기를 들으려 하지 않는다.

留学に行かせようとするばかりで、私の話を聞いてくれない。

　　　　　　　　　　　유학을 보내려 할 뿐 내 의견을 들어 주지 않는다.

3　**～てある**

타동사의 「て」형에 보조동사 「ある」를 접속해서 '미리 ～해 두었다'하는 의미를 나타낸다.

もう一時間待ってほしいと言ってある。　한 시간 더 기다려 달라고 말해 두었다.

私にやらせてくれと頼んである。　　　내가 하게 해 달라고 부탁해 두었다.

中国に行かせてもらえるように説得してある。

　　　　　　　　　　　중국에 갈 수 있도록 설득해 두었다.

어휘					
皿	さら	접시	洗う	あらう	씻다
荷物	にもつ	짐	空港	くうこう	공항

1. 다음 동사를 사역형으로 만드세요.

보기

読む	➡	よませる
考える	➡	かんがえさせる

1 メモする ➡ _______________________

2 調べる ➡ _______________________

3 探す ➡ _______________________

4 留学する ➡ _______________________

5 困る ➡ _______________________

6 信じる ➡ _______________________

7 開ける ➡ _______________________

8 やる ➡ _______________________

9 旅行する ➡ _______________________

10 しゃべる ➡ _______________________

보기

金子さんが仕事を手伝う。(部長)

➡ 部長が金子さんに仕事を手伝わせた。
부장님이 가네코에게 일을 돕게 했다.

1 赤ちゃんがミルクを飲んだ。(お母さん)

➡ ________________________________

____

2 妹がおやつを食べた。(姉)

➡ ________________________________

____

3 運転手が車をとめた。(お巡りさん)

➡ ________________________________

____

4 子供が手紙を書く。(お父さん)

➡ ________________________________

____

5 兄さんが荷物を持つ。(姉さん)

➡ ________________________________

____

3. 사역문을 해석하고 기본문으로 바꾸세요.

> 보기
>
> 父が子供に野球をやらせた。
>
> ➡ 아버지가 아이에게 야구를 시켰다.
> 　子供が野球をやった。

1 母が兄さんにかぎを開けさせました。

➡ ________________________________

____

2 先生が学生に早く帰らせました。

➡ ________________________________

____

3 社長が社員にアイディアを出させました。

➡ ________________________________

____

4 友達が僕を一人で歩かせました。

➡ ________________________________

____

5 店長が店員にパンを焼かせました。

➡ ________________________________

____

4. 보기와 같이 문장을 바꾸세요.

勉強する。手伝う。

➡ 勉強するばかりで、手伝おうとしない。

1 ご飯を食べる。何か言う。

➡ ＿＿＿＿＿＿＿＿＿＿＿＿＿＿＿＿ 何も ＿＿＿＿＿＿

2 買い物する。貯金する。

➡ ＿＿＿＿＿＿＿＿＿＿＿＿＿＿＿＿＿＿＿＿＿＿＿＿＿

3 寒がる。窓を閉める。

➡ ＿＿＿＿＿＿＿＿＿＿＿＿＿＿＿＿＿＿＿＿＿＿＿＿＿

4 発表しようとする。準備を手伝う。

➡ ＿＿＿＿＿＿＿＿＿＿＿＿＿＿＿＿＿＿＿＿＿＿＿＿＿

5 納得させようとする。話を聞く。

➡ ＿＿＿＿＿＿＿＿＿＿＿＿＿＿＿＿＿＿＿＿＿＿＿＿＿

5. 보기와 같이 문장을 바꾸세요.

보기
薬の飲み方を説明する。
　　➡ 薬の飲み方は説明してある。

❶ 飲み物を用意する。

➡ ________________________________

❷ 荷物を運ぶ。

➡ ________________________________

❸ 旅行プランを考える。

➡ ________________________________

❹ 留学先の大学を決める。

➡ ________________________________

❺ 重い荷物を送る。

➡ ________________________________

6. 일본어로 작문하세요.

❶ 네가 가면 나도 갈지도 모르겠다.

➡ ________________________________

❷ 싸다면 많이 사 두자.

➡ ____

❸ 선생님이 학생들에게 교실을 청소시켰다.

➡ ____

❹ 좋아하는 일이니까 하도록 내버려 둡시다.

➡ ____

❺ 한 시간만 쉬게 해 주세요.

➡ ____

7. 잘 듣고 받아 적으세요.

❶ ____

❷ ____

❸ ____

❹ ____

❺ ____

어휘					
調べる	しらべる	조사하다	探す	さがす	찾다
信じる	しんじる	믿다, 신뢰하다	赤ちゃん	あかちゃん	갓난아기
おやつ		오후 간식	運転手	うんてんしゅ	운전사
とめる		세우다	野球	やきゅう	야구
社員	しゃいん	사원	店長	てんちょう	점장
店員	てんいん	점원	焼く	やく	굽다
貯金	ちょきん	저금	寒がる	さむがる	추워하다
発表	はっぴょう	발표	準備	じゅんび	준비
プラン		계획	重い	おもい	무겁다

会話

智子　リサさん、日本人に英語を教えるのは慣れましたか。

リサ　はい。最初は、日本人の発音が聞き取れなくて、苦労しまし

たが、少し慣れてきました。

智子　どんなふうに発音を覚えさせますか。

リサ　正しい発音を、くりかえし聞かせます。

その後、声に出して、発音させました。

智子　それだけですか。

リサ　いいえ、自分の声を録音させて、聞かせたりもします。

智子　なるほど。

リサ　あと、単語一つ一つの発音だけでなく、一つの文をくりかえ

し聞かせます。それから、ノートに書き取らせます。

語彙				
慣れる	なれる	익숙해지다	発音　はつおん	발음
聞き取れる	ききとれる	알아듣다	苦労する　くろうする	고생하다
正しい	ただしい	바르다	くりかえす	반복하다
声	こえ	목소리	出す　だす	내다
録音	ろくおん	녹음	なるほど	과연
単語	たんご	단어	文　ぶん	문, 문장
それから		그리고 나서	書き取る　かきとる	받아쓰다

일반적으로 우리나라나 일본에서 사용되는 한자어는 모두 중국에서 수입된 것으로 생각하기 쉬운데 실상은 그렇지 않다. 다음 단어들은 근대화 시기에 일본에서 만들어진 한자어이다.

기차(汽車)	철도(鉄道)	전신(電信)	신문(新聞)
증권(証券)	회사(会社)	경제(経済)	은행(銀行)
병원(病院)	수학(数学)	철학(哲学)	사상(思想)
국회(国会)	민권(民権)	정당(政党)	판사(判事)
외교(外交)	지구(地球)	경찰(警察)	대통령(大統領)

이 외에도 많은 예가 있는데 이러한 한자어들은 중국으로 역수입되고, 또한 우리나라에도 수입되어 현재 일상생활에서 자주 사용되고 있다.

또 일본어에서 유입된 한자어에는 다음과 같은 것이 있다. (가)는 일본에서도 한자음(漢字音)으로 읽는 단어들이고 (나)는 훈(訓)으로 읽는 단어들이다.

(가)	계주(継走, けいそう)	고지서(告知書, こくちしょ)
	구좌(口座, こうざ)	납기(納期, のうき)
	납득(納得, なっとく)	십팔번(十八番, じゅうはちばん)
(나)	각서(覚書, おぼえがき)	견습(見習, みならい)
	역할(役割, やくわり)	추월(追越, おいこし)
	수취(受取, うけとり)	선착장(船着場, ふなつきば)

第10課　単語テスト

名前

01
02

03
04

05
06

07
08

09
10

11
12

13
14

15
16

17
18

19
20

연습문제 정답

연습문제 정답

제1과 富士山に行ったことがあります

1. ① 以前話したことがあります。
      예전에 나에게 말한 적이 있습니다.
    ③ 大学時代、ラグビーをしたことがあります。
      대학시절, 럭비를 한 적이 있습니다.
    ⑤ 前も、そのアイディアを出したことがあります。
      예전에도 그 아이디어를 낸 적이 있습니다.
    ② 子供の時、日本へ行ったことがあります。
      어릴 때, 일본에 간 적이 있습니다.
    ④ 日本語を勉強したことがあります。
      일본어를 공부한 적이 있습니다.

2. ① もう少し待ってみます。
      삼십분 더 기다려 보겠습니다.
    ③ ゆっくり歩いてみます。
      천천히 걸어 보겠습니다.
    ⑤ ミルクを飲んでみます。
      우유를 마셔 보겠습니다.
    ② 友達の家に行ってみます。
      친구 집에 가보겠습니다.
    ④ 先に話してみます。
      먼저 얘기해 보겠습니다.

3. ① 九州に行ったことがありません。
      아니오, 규슈에 가 본 적이 없습니다.
    ③ 富士山を見たことがありません。
      아니오, 후지산을 본 적이 없습니다.
    ⑤ その先生に会ったことがありません。
      아니오, 그 선생님과 만난 적이 없습니다.
    ② 日本語で作文を書いたことがありません。
      아니오, 일본어로 작문을 해 본적이 없습니다.
    ④ そのことを話したことがありません。
      아니오, 그 일을 이야기 한 적이 없습니다.

4. ① 山道をいっしょに歩きましょう。
    ③ 電車に乗りましょう。
    ⑤ メールをもう一度たしかめましょう。
    ② 駅の外で待ちましょう。
    ④ 駅前で道を聞きましょう。

5. ① ミルクを毎日飲んでみます。
    ③ もっと歩いてみましょう。
    ⑤ だれにも話したことがありません。
    ② その本は前読んだことがあります。
    ④ まわりを見物しながら回りましょう。

6. ①   ②
  ③   ④
  ⑤

제2과 花火大会に行ってみましょう

1. ① 少しずつ説明していきます。
    조금씩 설명해 가겠습니다.
  ③ 本を全部読んでしまいました。
    책을 전부 읽어버렸습니다.
  ⑤ メールを送ってしまいましょう。
    메일을 보내 버립시다.

  ② 宿題を早くやってしまいましょう。
    숙제를 빨리 해 버립시다.
  ④ 体が丈夫になっていきます。
    몸이 튼튼해져 갑니다.

2. ① テレビを見ながらコーヒーを飲みましょう。
  ③ 休みながら勉強しましょう。
  ⑤ レシピを見ながらたこ焼きを作りましょう。

  ② ゆっくり考えながら話しましょう。
  ④ ビールを飲みながら花火を楽しみましょう。

3. ① かわいいのはこれです。
  ③ 静かなのはこちらです。
  ⑤ いちばん近いのはあそこです。

  ② おいしいのはこれです。
  ④ 便利なのはあれです。

4. ① 聞きとり   ② 行き
  ③ 考え   ④ 待ち
  ⑤ 帰り

5. ① まだ時間がありますから、心配しなくても大丈夫です。
  ③ 一生懸命にやってみます。
  ⑤ 休みの楽しみは何ですか？

  ② 約束の時間に遅れてしまいました。
  ④ 早く家に帰ってください。

6. ①   ②
  ③   ④
  ⑤

제3과 電車で学校に通っています

1. ① 書きはじめる   ② しはじめる
  ③ 読みおわる   ④ 食べおわる
  ⑤ 走りだす   ⑥ しゃべりだす
  ⑦ やりなおす   ⑧ 聞きなおす
  ⑨ 話しあう   ⑩ ほめあう

2.　① おいしいものを食べています。
　　　　맛있는 음식을 먹고 있습니다.
　　③ ドアが閉まっています。
　　　　문이 닫혀 있습니다.
　　⑤ 道が左に曲がっています。
　　　　길이 왼쪽으로 굽어 있습니다.

　　② ドラマを見ています。
　　　　드라마를 보고 있습니다.
　　④ 兄が日本へ行っています。
　　　　형이 일본에 가 있습니다.

3.　① A：벌써 돌아가십니까?　　B：동생이 혼자서 울고 있어서요.
　　② A：누군가 기다리고 있습니까?　　B：친구가 운동장을 달리고 있어서, 기다리고 있는 것입니다.
　　③ A：무엇을 보고 있는 것입니까?　　B：지갑이 떨어져 있어서요.
　　④ 왜 멍하니 서 있습니까?
　　⑤ 언니(누나)는 결혼했습니까?

4.　① バスに乗っているのです。
　　　　バスに乗っているんです。
　　③ 困っているのです。
　　　　困っているんです。
　　⑤ 電車に乗り換えたのです。
　　　　電車に乗り換えたんです。

　　② 雨が降り出したのです。
　　　　雨が降り出したんです。
　　④ 大学に通っているのです。
　　　　大学に通っているんです。

5.　① 雨が降り出したんです。
　　③ 電車に乗り換えて姉の家に行きます。
　　⑤ コンビニでバイトをしています。

　　② お金を全部使ってしまいました。
　　④ グラウンドを走っている人は私の弟です。

6.　①
　　③
　　⑤

　　②
　　④

제4과　携帯がほしいです

1.　① もう少し早く走りたいです。
　　　　もう少し早く走りたがっています。
　　③ スーパーに寄りたいです。
　　　　スーパーに寄りたがっています。
　　⑤ 新しい服が買いたいです。
　　　　新しい服を買いたがっています。

　　② 家族と楽しく暮したいです。
　　　　家族と楽しく暮したがっています。
　　④ 友達とゆっくりおしゃべりがしたいです。
　　　　友達とゆっくりおしゃべりをしたがっています。

2.　① 新しいかばんをほしがっています。
　　　　新しいかばんが買いたいです。
　　③ 広い部屋をほしがっています。
　　　　広い部屋で暮したいです。

　　② おいしいパンをほしがっています。
　　　　おいしいパンが食べたいです。
　　④ おもしろいマンガをほしがっています。
　　　　おもしろいマンガが読みたいです。

⑤ かわいいイヤリングをほしがっています。
　　かわいいイヤリングが買いたいです。

3.　① 宿題をやってほしいです。
　　　빨리 숙제를 했으면 합니다.
　　③ 海外旅行へいっしょに行ってほしいです。
　　　함께 해외여행을 갔으면 합니다.
　　⑤ 果物をたくさん食べてほしいです。
　　　과일을 많이 먹었으면 합니다.

② この問題に答えてほしいです。
　　이 문제에 답했으면 합니다.
④ まじめに先生のお話を聞いてほしいです。
　　성실하게 선생님의 이야기를 늘렀으면 합니다.

4.　① 自轉車に乗りたいわけです。
　　③ 母がスカーフをほしがっているわけです。
　　⑤ はやく忘れてほしいわけです。

② 弟が友達と遊びたがっているわけです。
④ コンサートを見に行きたいわけです。

5.　① 勉強せず、遊んでいる。
　　　공부하지 않고 놀고 있다.
　　③ 十分も待たず、帰ってしまう。
　　　십 분도 기다리지 않고 돌아가 버린다.
　　⑤ スーパーに寄らず、戻ってきた。
　　　슈퍼에 들르지 않고 돌아왔다.

② 水も飲まず、走っている。
　　물도 마시지 않고 달리고 있다.
④ 何も言わず、入ってくる。
　　아무 말도 하지 않고 들어오다.

6.　① にぎやかなところに行きたいです。
　　③ 弟(妹)は新しいノートパソコンをほしがって（買いたがって）います。
　　④ 急いで事務所に行ってほしいです。

② 今は冷たい飲み物が飲みたい。

⑤ 何も飲まず走っている。

7.　①
　　③
　　⑤

②
④

제5과　いっしょに行こうと思います

1.　① 遅れないように急ごう。
　　　遅れないように急ぎましょう。
　　③ 注意して運転しよう。
　　　注意して運転しましょう。
　　⑤ 元気な子供に育てよう。
　　　元気な子供に育てましょう。

② 都会で暮らそう。
　　都会で暮らしましょう。
④ バイクに気をつけて降りよう。
　　バイクに気をつけて降りましょう。

2.　① まじめに答えようと思います。
　　　성실하게 대답하려고 생각합니다.
　　③ 部屋を新しく変えようと思います。
　　　방을 새롭게 바꾸려고 생각합니다.

② しんけんに問題を考えようと思います。
　　진지하게 문제를 생각하려고 합니다.
④ このドラマを最後まで見ようと思います。
　　이 드라마를 끝까지 보려고 합니다.

⑤ 駅まで走ろうと思います。
　　역까지 달릴까 합니다.

3.　① 夕ご飯の仕度が終わったばかりだ。　　② その問題の答えは出たばかりだ。
　　　　저녁 식사 준비가 막 끝났다.　　　　　　그 문제의 답은 막 나왔다.
　　③ ヨーロッパ出張から戻ったばかりだ。　④ 友達は今帰ったばかりだ。
　　　　유럽 출장에서 막 돌아왔다.　　　　　　친구는 지금 막 돌아왔다.
　　⑤ 果物は冷蔵庫に入れたばかりだ。
　　　　과일은 냉장고에 막 넣었다.

4.　① 今年は結婚したいと思います。　　　　② 家庭を大事にしたいと思います。
　　③ 暖かい家庭を作りたいと思います。　　④ フランス語が習いたいと思います。
　　⑤ 英字新聞が読みたいと思います。

5.　① 美味しいカレーを作ろうと思います。　② 明日も図書館まで歩いていきましょう。
　　③ 昼ごはんを食べてきたばかりです。　　④ 弟(妹)は本を大事にします。
　　⑤ マンガのようなおもしろい本はありませんか。

6.　①　　　　　　　　　　　　　　　　　　②
　　③　　　　　　　　　　　　　　　　　　④
　　⑤

第6과 韓国料理が作れます

1.

기본동사	가능형	정중형	부정형	과거형
起きる	おきられる	おきられます	おきられない	おきられた
入る	はいれる	はいれます	はいれない	はいれた
考える	かんがえられる	かんがえられます	かんがえられない	かんがえられた
帰る	かえれる	かえれます	かえれない	かえれた
引く	ひける	ひけます	ひけない	ひけた
習う	ならえる	ならえます	ならえない	ならえた
出す	だせる	だせます	だせない	だせた
立つ	たてる	たてます	たてない	たてた
話し合う	はなしあえる	はなしあえます	はなしあえない	はなしあえた

2.　① 朝六時に起きられる。　　　　　　　② 辛いものが食べられる。
　　　　朝六時に起きることができる。　　　　辛いものを食べることができる。
　　③ お酒が飲める。　　　　　　　　　　④ 六時まで家に帰れる。
　　　　お酒を飲むことができる。　　　　　　六時まで家に帰ることができる。
　　⑤ 日本料理が作れる。
　　　　日本料理を作ることができる。

3. ① 山田さんはフランス語を読むことができます。　② 上手に歌を歌うことができます。
　　③ 母は英語を話すことができます。　　　　　　④ 速く走ることができます。
　　⑤ みんなの名前を覚えることができます。

4. ① カタカナなら、書ける。　　　　　　　　　　② お酒なら、飲める。
　　③ 車の運転なら、できる。　　　　　　　　　　④ みそチゲなら、食べられる。
　　⑤ カタカナなら、読める。

5. ① 彼は日本の歌が歌えます。／ 彼は日本の歌を歌うことができます。
　　② 母はおいしい中華料理が作れます。／ 母はおいしい中華料理を作ることができます。
　　③ 兄はスペイン語が話せます。／ 兄はスペイン語を話すことができます。
　　④ 刺身が食べられない人もいます。／ 刺身を食べることができない人もいます。
　　⑤ 私の妹は長く走れません。／ 私の妹は長く走ることができません。

6. ①　　　　　　　　　　　　　　　　　　　　　②
　　③　　　　　　　　　　　　　　　　　　　　　④
　　⑤

제7과 雨が降り出しそうです

1. ① このりんごは甘くないそうです。　　　　　　② 彼女は性格がいいそうです。
　　　このりんごは甘くなさそうです。　　　　　　　彼女は性格がよさそうです。
　　③ 山田君はまじめに勉強するそうです。　　　　④ 金さんは映画が好きだそうです。
　　　山田君はまじめに勉強しそうです。　　　　　　金さんは映画が好きそうです。
　　⑤ 先生のお子さんは元気だそうです。
　　　先生のお子さんは元気そうです。

2. ① 私の部屋よりずっと広いようです。　　　　　② スミスさんはアメリカへ帰るらしいです。
　　　제 방보다 훨씬 넓은 것 같습니다.　　　　　　스미스씨는 미국으로 돌아가는 것 같습니다.
　　③ 田村さんは今日うれしいことがあったみたいです。④ 学校までバスで一時間はかかりそうです。
　　　다무라씨는 오늘 기쁜 일이 있던 것 같습니다.　학교까지 버스로 한 시간은 걸릴 것 같습니다.
　　⑤ 田中さんはテニスが下手なようです。　　　　⑥ どうやら道に迷ったらしいです。
　　　다나카씨는 테니스를 잘 못 치는 것 같습니다.　아무래도 길을 잃었던 것 같습니다.
　　⑦ この家はおばけが出そうです。　　　　　　　⑧ 新入生も参加するみたいです。
　　　이 집은 도깨비가 나올 것 같습니다.　　　　　신입생도 참가하는 것 같습니다.
　　⑨ あの建物はお寺だったようです。　　　　　　⑩ このスープは辛そうです。
　　　저 건물은 절이었던 것 같습니다.　　　　　　이 스프는 매울 것 같습니다.

3. ① カレーにミルクを入れると、おいしくなるようです。② この薬を飲むと、よくなるようです。
　　　カレーにミルクを入れると、おいしくなると言う。　この薬を飲むと、よくなると言う。
　　③ 漢字を覚えると、上手になるようです。　　　④ このボタンを押すと、窓が閉まるようです。
　　　漢字を覚えると、上手になると言う。　　　　　このボタンを押すと、窓が閉まると言う。

⑤ 新しいボールペンで書くと、キレイに書けるようです。
　　新しいボールペンで書くと、キレイに書けると言う。

4.　① 暑くなるようです。
　　　暑くなりそうです。
　　③ 台風が来るようです。
　　　台風が来そうです。
　　⑤ もうすぐ終わるようです。
　　　もうすぐ終わりそうです。

② 風が吹くようです。
　　風が吹きそうです。
④ 夜は静かになるようです。
　　夜は静かになりそうです。

5.　① 今年の冬は暖かいそうです。
　　③ なにか事故があったようです。
　　⑤ もっと学生らしく話してください。

② あの日本料理はおいしくなさそうです。
④ スミスさんは帰ったらしいです。

6.　①
　　③
　　⑤

②
④

第8課 自転車を盗まれました

1.　① わらわれる
　　③ はいられる
　　⑤ だされる
　　⑦ うたわれる
　　⑨ ぬすまれる

② なぐられる
④ たべられる
⑥ こられる
⑧ けんきゅうされる
⑩ うわさされる

2.　① 田中君が犬にかまれた。
　　　다나카군이 개에게 물렸다.
　　③ 先生が生徒に尊敬されている。
　　　선생님이 학생에게 존경받고 있다.
　　⑤ 私は隣の家に高い建物を建てられました。
　　　옆집 사람이 높은 빌딩을 지어서 피해를 받았습니다.

② ドアのカギがこわされた。
　　문의 열쇠가 망가졌다.
④ 鈴木さんがどろぼうに時計を盗まれた。
　　스즈키씨가 도둑에게 시계를 도둑맞았다.

3.　① 그는 모두에게 신뢰받고 있다.
　　　みんなは彼を信頼している。
　　③ 이 책은 요시모토 바나나에 의해 쓰여졌다.
　　　吉本バナナがこの本を書いた。
　　⑤ 누군가가 문을 두드려서 시끄러웠다.
　　　人がドアを叩いた。

② 나는 언니(누나)에게 장보기를 부탁받았다.
　　姉は私に買い物を頼んだ。
④ 소매치기에게 지갑을 도둑맞았다.
　　スリーが財布をとった。

4.　① 大学に入ったら、どうですか。
　　　大学に入ったら、うらやましがられました。

② 漢字を覚えたら、どうですか。
　　漢字を覚えたら、ほめられました。

③ プレゼントしたら、どうですか。　　　　　　④ 歌を歌ったら、どうですか。
　　プレゼントしたら、喜ばれました。　　　　　　歌を歌ったら、いやがられました。
⑤ あの子を呼んだら、どうですか。
　　あの子を呼んだら、なかれました。

5.　① 先生にほめられてうれしいです。　　　　　② となりの子に泣かれて困りました。
　　③ どろぼうに財布を盗まれました。　　　　　④ 弟が兄に叱られて泣いています。
　　⑤ 友達に言ったら、喜ばれました。

6.　①　　　　　　　　　　　　　　　　　　　　②
　　③　　　　　　　　　　　　　　　　　　　　④
　　⑤

제9과 引っ越しを手伝ってくれました

1.　① 私は友達を一時間も待ってあげた。　　　　② いつも先輩がおごってくれた。
　　　　나는 친구를 한시간이나 기다려 주었다.　　　　언제나 선배가 돈을 내 주었다.
　　③ 彼女に花束を送ってあげた。　　　　　　　④ 先生が弟をほめてくれた。
　　　　그녀에게 꽃다발을 보내 주었다.　　　　　　　선생님이 동생을 칭찬해 주었다.
　　⑤ 母がトムさんに車を貸してあげた。
　　　　어머니가 톰씨에게 차를 빌려 주었다.

2.　① 私がやってあげたいです。　　　　　　　　② あなたに旅行の写真を見せてあげたいです。
　　③ 子供にかわいい服を着せてあげたいです。　④ 後輩にアドバイスをしてあげたいです。
　　⑤ 食事の仕度を手伝ってあげたいです。

3.　① 友達が悩みを聞いてくれました。　　　　　② 姉の見舞いに寄ってあげました。
　　③ 母が迎えに来てくれました。　　　　　　　④ 社長にプレゼントを差し上げました。
　　⑤ 先生がコーヒーセットをくれました。

4.　① スミスさんにもう一度考えてもらいたいです。　② 家族に喜んでもらいたいです。
　　③ 友達にやさしくしてもらいたいです。　　　④ 先輩に教えてもらいたいです。
　　⑤ 妹にりっぱになってもらいたいです。

5.　① すぐにお答えします。　　　　　　　　　　② お客さんをお待ちします。
　　③ 社長をお呼びします。　　　　　　　　　　④ 本当のことをお話しします。
　　⑤ 挨拶の言葉をお読みします。

6.　① なんでも相談に乗ってくれます。　　　　　② スミスさんは友達に誕生日のプレゼントをもらった。
　　③ 三十分は待ってもらいたい。
　　④ 彼氏が私の妹にケーキを買ってくれた。
　　⑤ 先生にほめてもらいました。

7.　① 　　　　　　　　　　　　　　　　　②
　　③ 　　　　　　　　　　　　　　　　　④
　　⑤

제10과 少し考えさせてください

1.　① メモさせる　　　　　　　　　　② しらべさせる
　　③ さがさせる　　　　　　　　　　④ りゅうがくさせる
　　⑤ こまらせる　　　　　　　　　　⑥ しんじさせる
　　⑦ あけさせる　　　　　　　　　　⑧ やらせる
　　⑨ りょこうさせる　　　　　　　　⑩ しゃべらせる

2.　① お母さんが赤ちゃんにミルクを飲ませた。　　② 姉が妹におやつを食べさせた。
　　　어머니가 아기에게 우유를 마시게 했다。　　　언니가 동생에게 간식을 먹였다。
　　③ おまわりさんが運転手に車をとめさせた。　　④ お父さんが子供に手紙を書かせた。
　　　경찰이 운전사에게 차를 멈추게 했다。　　　아버지가 아이에게 편지를 쓰게 했다。
　　⑤ 姉さんが兄さんに荷物を持たせた。
　　　누나가 형에게 짐을 들게 했다。

3.　① 엄마가 형에게 자물쇠를 열게 했습니다。　　② 선생님이 학생을 빨리 돌아가게 했습니다。
　　　兄さんがカギを開けました。　　　　　　　　学生が早く帰りました。
　　③ 사장이 사원에게 아이디어를 내게 했습니다。　④ 친구가 나를 혼자서 걷게 했습니다。
　　　社員がアイディアを出しました。　　　　　　僕は一人で歩きました。
　　⑤ 점장이 점원에게 빵을 굽게 했습니다。
　　　店員がパンを焼きました。

4.　① ご飯を食べるばかりで、何も言おうとしない。　② 買い物するばかりで、貯金しようとしない。
　　③ 寒がるばかりで、窓を閉めようとしない。　　④ 発表しようとするばかりで、準備を手伝おうとしない。
　　⑤ 納得させようとするばかりで、話を聞こうとしない。

5.　① 飲み物は用意してある。　　　　　　② 荷物は運んである。
　　③ 旅行プランは考えてある。　　　　　④ 留学先の大学は決めてある。
　　⑤ 重い荷物は送ってある。

6.　① 君が行くなら、私も行くかもしれない。　② 安いならたくさん買っておこう。
　　③ 先生が学生たちに教室の掃除をさせた。　④ 好きなことだからやらせておきましょう。
　　⑤ 一時間だけ休ませてください。

7.　① 　　　　　　　　　　　　　　　　　②
　　③ 　　　　　　　　　　　　　　　　　④
　　⑤